Helge Sobik

Lesereise Kanadas Westen

Helge Sobik

Lesereise Kanadas Westen

Wo bitte geht es hier zum Grizzly?

Picus Verlag Wien

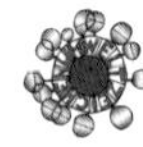

Gedruckt nach der Richtlinie des Österreichischen Umweltzeichens „Druckerzeugnisse“, Christian Theiss GmbH, Nr. 869

Umfassend überarbeitete Neuausgabe 2017

Grafische Gestaltung: Dorothea Löcker, Wien
Umschlagabbildung:
© mauritius images / robertharding / Miles Ertman
Druck und Verarbeitung:
Christian Theiss GmbH., St. Stefan im Lavanttal
ISBN 978-3-7117-1079-6

Informationen über das aktuelle Programm
des Picus Verlags und Veranstaltungen unter
www.picus.at

Inhalt

Die heimliche Rückkehr des Raben

Queen Charlotte Islands: Unterwegs auf den vergessenen Inseln der Haida-Indianer

Wenn man leise ist und in die Stille horcht, dann kann man ihre Trommeln noch hören. Wenn man ganz genau hinschaut, kann man sie manchmal noch tanzen sehen. Die Bäume, das Wasser der Bäche, die Luft, der Himmel – all das hat ihre Geräusche konserviert, ihre Schritte für die Ewigkeit erhalten. Tow Hill am Nordzipfel der Queen Charlotte Islands ist seit Jahrhunderten ein spiritueller Ort der Haida-Indianer. Eine Stätte, die sich anders anfühlt. Ein Ort, den man im Magen spürt und der eine Gänsehaut bereitet. Einer, der zum Hinsetzen auf einen der umgestürzten Baumstämme zwingt, ohne dass etwas Sichtbares geschieht. Es ist ein Platz der Geheimnisse mitten im jahrtausendealten Märchenwald. Diesen Morgen schwingt dort ein Weißkopfseeadler auf. Er hat auf der Bruchstelle eines Baumstamms gehockt, zieht steil in den Himmel und anschließend in einer Westkurve Richtung McIntyre Bay davon.

»Der Seeadler war schon immer da«, sagt Uncle Watson später. »Nur der Rabe ist noch älter, denn er hat die Welt erschaffen.« Der fünfundneunzigjährige Watson ist einer der Häuptlinge der Haida. Er kennt ihre Ursprünge, ihre Mythologie, all ihre Geheimnisse. Und so freundlich und verbindlich er ist, so wenig gibt er preis: »Die Geschichte erzählen, wie alles begann? Ich kann es nicht. Ich habe sie vergessen«, sagt er, während seine linke Hand auf dem Reifen und die rechte auf der Armlehne seines Rollstuhls ruht.

Die einst kriegerischen Haida, Schrecken vieler anderer Indianerstämme entlang der Küste British Columbias, zählen zu den noch immer verschlossensten *First Nations*. Watson wird die Geschichte nicht vergessen haben. Er hat sie im Laufe seines Lebens viele hundert Mal den jüngeren Stammesbrüdern erzählt. Und er hat vor drei Jahren hoch betagt seinen Highschool-Abschluss gemacht. »Früher war ich Fischer und hatte keine Zeit dafür. Jetzt habe ich viel Zeit und konnte plötzlich zur Schule gehen.« Auf das Diplom ist er sehr stolz. Das ist es, wovon er Besuchern als Erstes erzählt.

Die Gegend ist leer, auf der Südinsel Moresby mehr noch als auf der Nordinsel Graham Island. Nur am Anleger der Fähre Kwuna ist ein paar Mal am Tag etwas los: Mal sind es drei, mal zwölf Geländewagen, manchmal sind ein, zwei Laster dazwischen, und morgens steht auch der Schulbus an. Sie alle warten darauf, von der Nord- auf die Südinsel oder in umgekehrter Richtung übergesetzt zu werden. Rund siebenhundert Haida leben in Skidegate, weitere siebenhundert in Old Masset ganz oben im Norden, dazu knapp dreieinhalbtausend Zugezogene – die Forstarbeiter, ein paar Fischer, der Tierarzt, die Leute vom Supermarkt. Fast alle leben sie auf der Nordinsel. Auf der Südinsel sind weniger als fünfhundert Menschen zu Hause.

Der Märchenwald im äußersten Norden bei Tow Hill sieht so unwirklich aus, als hätte ihn ein Kulissenbauer für die Haida erschaffen und Tonnen grün eingefärbter Zuckerwatte über den Ästen der Tannen verteilt, die kleinen dunklen Tümpel am Weg in Schleier aus Disconebel gehüllt, zwischen all dem ein unentwirrbares Dickicht aus schwarzen, braunen und grünen Girlanden gespannt und in manche Astgabel einen Kunstfaserfarn geklebt. Es ist der Wald, in dem die Geister wohnen. Ein mystischer Ort, der die Seele auflädt. Einer, von dem es keine wirklich zutreffende Karte gibt. Ein Zipfel Land, dessen Netz aus Pfaden nur die Einheimischen kennen und durch das nur eine einzige Straße führt. Sie ist so feucht wie der Wald, übersät von Schlaglöchern und führt vorbei an wilden Skulpturen aus hellgrünem Moos um die Skelette umgestürzter Zedern.

Mitten im Wald steht ein Haus aus fast verwittertem grauen Holz. Es ist so stark umwuchert, dass kaum mehr Tageslicht durch die Fenster ins Innere dringen kann, und auch das »Bakery«-Holzschild vor der Tür muss immer wieder vom wuchernden Grün befreit werden. Offenbar gibt es Leute, die den Weg von mindestens neunzehn Kilometern aus dem nächsten Ort bis hier heraus fahren, um ihr Brot zu kaufen oder Bananenmuffins für zwei Dollar fünfzig zu erstehen. Aus dem Nichts tauchen diesen Morgen durchnässte Wanderer auf, Hippies auf Hiking-Pause, die auf eine Kanne Tee Station machen.

»Unser Land lockt eine Menge merkwürdiger Gestalten an«, sagt Vince Collinson, der selbst Haida ist und das Wirtschaftsförderungsbüro des nördlichen Reservats in Old Masset leitet. »Sie laufen barfuß durch den Wald und suchen ihr Ich. Sie wollen die spirituelle Kraft von Haida Gwaii spüren und jagen nach etwas, das uns gehört.« Die Indianer lehnen es ab, von den »Queen Charlotte Islands« zu sprechen. Der Name kam mit den Schiffen der weißen Siedler hier an. Es ist nicht ihrer, sondern die Bezeichnung derer, die sie von ihrem Land vertrieben und in Reservate gedrängt haben. »Die Inseln sind Haida Gwaii«, sagt Vince. »Und sie sind das Zentrum des Universums.« Er nimmt einen kräftigen Schluck aus seinem Kaffeebecher.

Die Arbeitslosenquote im Reservat liegt bei achtzig Prozent, das größte Problem ist der Alkohol, und trotzdem freut Vince sich nicht über die spirituellen Ferienfährtensucher im Wald, die Geld und Arbeit nach Old Masset bringen könnten. Sie scheinen ihn vielmehr zu stören. Fast alles scheint ihn zu stören. Er gehört nicht zu den Leuten, die wie die Stadtindianer Vancouvers das Beste aus der neuen Zeit zu machen versuchen und um Verständnis und Freundschaft werben. Vince' Zukunft ist die Vergangenheit. Am liebsten möchte er das Rad der Zeit zurückdrehen, von vorne beginnen und alle Regeln allein bestimmen.

Er hat große Pläne, will ein Krankenhaus bauen, ein Museum, einen Souvenirshop und versucht, die Gelder dafür aufzutreiben. Und gleichzeitig blickt er herab auf die Fremden, denen er kaum zugesteht, seine Insel schön finden zu dürfen. Sie könnten es nicht wirklich beurteilen, die Spiritualität nicht spüren, weil es für sie nicht Heimat sei. Es gibt offenbar nichts, was Besucher sagen könnten, das Vince' Wohlwollen fände. Er kann stundenlang lächeln, ununterbrochen in jedem Punkt anderer Meinung sein und alle Aussagen umdeuten oder um mindestens eine Nuance verschieben, und es scheint, als wohnte hinter diesem Lächeln ein verbitterter Mensch.

Gerade erst hat er Völkerkundemuseen rund um den Globus angeschrieben und die Rückgabe aller Ausstellungsstücke über Haida-Indianer gefordert: der Totempfähle, der Masken, der Gebrauchsgegenstände. Vince ist der Kopf der sogenannten »Repatriierungskommission für Kulturgüter« der Haida. »Was in den Museen steht, ist uns gestohlen worden. Es gehört uns. Es gehört hierher. Nirgendwo anders hin. Niemand anderem.«

Wahrscheinlich hat er damit sogar Recht und verkennt doch völlig, dass Museen in Vancouver, in Hamburg oder Berlin die Artefakte nicht im Rummelplatz-Amüsierbudenstil dem Spott preisgeben, sondern Interesse und Verständnis für eine vom Untergang bedrohte Kultur wecken. Vince ist so sehr Haida, dass er sich weigert, die Welt um ihn herum wahrzunehmen.

In Old Masset steht er mit dieser Sichtweise nicht allein da, doch hundertzehn Kilometer weiter südlich schütteln schon die Haida aus Skidegate den Kopf darüber. Sie sind erheblich offener, freuen sich wie Uncle Watson über das Interesse der wenigen Fremden, die die umständliche Anreise auf die Pazifikinseln auf sich nehmen und das, natürlich, nicht aus Desinteresse tun. Die Indianer aus

Skidegate haben bereits ihr Museum, dazu ein traditionelles Versammlungshaus direkt am Meer, ein kleines Haida-Seniorenzentrum. Sie mussten nichts repatriieren, sondern sie bauten einfach und füllten mit Leben, was sie errichteten.

»Oben in Masset«, erzählen sie hinter vorgehaltener Hand und nehmen ihre verbitterten Stammesbrüder gleichzeitig in Schutz, »ist das Leben immer schon rauer gewesen. Dort haben sie den kalten Wind, die aufgewühlte See, den meisten Regen. Bei uns ist es milder. Wir nehmen die Dinge leichter, weil unser Leben leichter ist.« Der Rabe hat es gut gemeint, als er Skidegate erschaffen hat.

Abseits des einen Highways, der Queen Charlotte City im Süden über Skidegate mit Masset und Old Masset im Norden verbindet, gibt es nichts als Geröllpisten, nur Forstwirtschaftswege ohne Ausschilderung. Wer sich dort nicht auskennt, ginge verloren und könnte nicht einmal Hilfe rufen. Es gibt nur eine lückenhafte Netzabdeckung für Mobiltelefone auf den Queen Charlottes. Die wenigen Orte sind unsortiert, wie hingewürfelt, ohne Zentrum, ohne Einkaufsstraße, ohne Fastfood-Imbiss, mit nur einer einzigen Ampel. Und doch gibt es dort alles – nur muss man wissen wo. Jeder scheint dort gebaut und sein Geschäft eröffnet zu haben, wo es ihm gerade passte. Der Baustil war Sache der künftigen Bewohner. Architektonisch ist das nicht schlimm, weil ohnehin fast alles aus Holz ist und diese Gemeinsamkeit für ein stimmiges Bild sorgt.

Weißkopfseeadler sind derweil fast so zahlreich wie Tauben auf europäischen Marktplätzen: Sie hocken auf den Masten der Fischerboote im Hafen, auf den Stegen, auf den Dachfirsten, den Strommasten, im Gras am Straßenrand, und sie flattern nicht einmal auf, wenn ein Auto vorüberfährt.

Im Sand an der Mündung des Tlell River prangen diesen Morgen frische Abdrücke von Bärentatzen. Sie können nur ein paar Minuten alt sein, denn diesen Strandsaum hat die Ebbe gerade erst freigegeben. Berge von Treibholz türmen sich am Rand der Dünen, bügeln den Strandhafer, bis die nächste Flut gemeinsam mit dem nächsten Sturm die vom Meersalz weiß gewaschenen Stämme neu sortiert. Es ist, als ob Ozean und Wind sich zum Mikadospiel der Giganten auf den Queen Charlotte Islands verabredeten.

Draußen vor der Küste kämpft sich die Fähre aus Prince Rupert durch den fast immerwährenden Sturm. Sieben Stunden braucht sie für die wenig mehr als hundert Kilometer der Meerenge. Die Hecate Strait, die die Ostküste der Queen Charlottes vom Festland trennt, ist meist windgepeitscht. In Sichtweite der Küstenstraße schießen Wale ihre Fontänen in den Himmel. Uncle Watson hat unzählige von ihnen aus nächster Nähe gesehen, wenn er mit seinem Fischerboot Vagabound auf dem Ozean unterwegs war: »Ich kenne die meisten von ihnen. Sie kommen aus Mexiko, wandern im Frühling nach Alaska und kehren im Spätsommer wieder um. Zweimal im Jahr sind sie hier. Und manche bleiben.« Er rollt näher an den Tisch, nimmt einen Schluck Tee und einen Bissen von seiner Octopusfrikadelle, danach ein Stück gebackenen Sockeye-Lachs.

Um die Mittagszeit versammelt sich das Wissen der Haida im Seniorenzentrum: Die Alten kommen zusammen, essen traditionelle Speisen miteinander, reden von damals, als es noch mehr Kanus gab, mehr Fischerboote, mehr Tänze. Als Adler und Rabe ihnen noch näher waren. Die Alten erinnern sich an Zeiten, als es die hundertzehn Kilometer Asphalt auf Graham Island nicht gegeben hat und sie noch als Nomaden über die Inseln zogen. Sie erinnern sich an die Tänze und Gesänge ihrer Eltern und dass all das irgendwann verboten war. Den stolzen Haida sollte die Vergangenheit abgewöhnt werden.

Claude Jones aus Old Masset wurde damals in ein Internat aufs Festland geschafft, spielte in einer Marschmusikband, ging in Prince Rupert ins Kino, sah die Western, in denen die Indianer immer die Bösen, immer die Verlierer waren und nahm es hin: »Es galt nicht als schick, Indianer zu sein. Sie haben dich erzogen, es zu verleugnen. Sie wollten, dass du deine Wurzeln vergisst.«

Claudes Vergangenheit steht gerahmt und in Schwarz-Weiß auf seinem Wohnzimmerschrank hinter einer Bierflasche mit aufgesetzter Kerze: ein über siebzig Jahre altes Familienfoto. Er wischt den Staub vom Glas, zeigt, wer seine Mutter, wer sein Vater, wer sein Onkel ist. Die Rückbesinnung auf die eigene Kultur ist keine dreißig Jahre alt. Damals war Claude bereits Pensionär. Er hat den neuen Anschluss ans Damals nicht mehr geschafft: »Was unsere jungen Leute heute singen und tanzen, ist nicht meine Musik. Ich bin nicht damit aufgewachsen, nicht damit alt geworden. Ich kannte diese Musik nur noch vom Hörensagen meiner Eltern und meines Onkels. Ich habe in einer Marschmusikband gespielt. Die Jungen halten die Haida-Kultur nicht am Leben. Sie bringen sie zurück, denn sie war tot.«

Sein Saxofon hat er inzwischen eingemottet. Es steckt in einem Karton im Wohnzimmer. Die Geschichte vom Raben? Ja, die kannte er wohl, hatte er mal gehört. Jetzt hat er sie vergessen. »Sie haben bei mir gründliche Arbeit geleistet.« Die Erzieher, die Missionare. Ob er Christ sei? Er lacht. Immer mehr. Der Oberkörper biegt sich, und Claude wippt auf dem weichen Wohnzimmersofa. »Ja«, sagt er irgendwann und zeigt durchs Fenster auf den erst ein paar Jahre alten Totempfahl vor seinem Haus. Er lacht weiter. Claude wohnt in der Raven Avenue 161. Wie konnte er da den Raben vergessen? Er hat es nicht. Aber er hat sein Leben lang geübt, den Raben zu verleugnen und nichts, gar nichts preiszugeben, wenn Fremde danach fragen.

Der alte Mann zählt zu dem einen Prozent der Haida, die noch ihre eigene Sprache fließend sprechen können. »Aber ich tue es nicht«, sagt er, lacht wieder und stellt das Schwarz-Weiß-Foto zurück auf den Wohnzimmerschrank. Vince hatte ihn gefragt, ob er an der Chief-Matthews-Grundschule an der Eagle Avenue Haida unterrichten wolle, damit die Kinder die Wurzeln nicht vergessen. Claude hat abgelehnt. Er habe mit dem Indianerkram nichts am Hut, hat er gesagt. Außerdem habe er das meiste sowieso vergessen. Und wahrscheinlich hat er heimlich gelacht. Vermutlich singt er mit seiner Familie die alten Lieder, tanzt die alten Tänze, wenn die Türen und Fenster in der Raven Avenue 161 geschlossen und die Vorhänge zugezogen sind. Zieht er sie wieder auf, rumpelt Marschmusik aus den Boxen seiner riesigen, silbrig lackierten Musikanlage.

Zwei Freiwillige für den Schulunterricht fanden sich dennoch. Die zweiundachtzigjährige Ethel ist eine von ihnen. Sie tut es für die Kinder, und es macht ihr offensichtlich keine Freude, darüber zu sprechen. Wie lange sie nun schon unterrichtet? »*A number of years* – ein paar Jahre.« Seit wann die Haida ihre Kultur wieder entdecken? »*For a while now* – seit einiger Zeit.« Ob sie von damals erzählen mag, wie es in Masset aussah, als sie klein war? »*Don't remember exactly* – ich weiß es nicht mehr genau.« Zu einer Aussage ringt sie sich dennoch durch: »Ich kann nicht nur die Sprache unterrichten. Ich muss alles beibringen. Auch die Kultur. Die Tradition. Ich unterrichte die Kinder sogar in Beerensammeln.« Sie blickt auf die Tafel, kaut eine Mohrrübe. Und schweigt.

Ben Roberts stammt aus Skidegate, hat jahrzehntelang nicht auf Haida Gwaii gelebt, ist erst nach der Pensionierung in seine Heimat zurückgekehrt und hilft jetzt ehrenamtlich im Seniorenzentrum: Ben fährt das Essen aus, beliefert diejenigen, die den Weg nicht mehr schaffen. Von den Stammesältesten hat er in den letzten Monaten über die Geheimnisse seiner Kultur erfahren, hat sich beim Essen zu ihnen gesetzt, ihnen danach zugehört, Fragen gestellt. Inzwischen kann er den traditionellen

Bärentanz – und hat Freude daran, ihn anderen zu zeigen und weiterzuerzählen, was er gelernt hat: Fremden ebenso wie anderen Haida. Und jetzt hat Ben begonnen, die Sprache seiner Väter zu lernen. Auch davon will er später anderen erzählen.

Wenn Uncle Watson sein Leben aus der Zeit vor dem Highschool-Abschluss Revue passieren lässt, dann sind ihm drei Begegnungen im Gedächtnis geblieben: die mit dem Bärenkind, dessen Mutter er auf der Jagd aus Versehen erschossen hatte. Er hat es aufgezogen. Es lebte monatelang bei ihm, bis es eines Tages beschloss, in die Wälder zu gehen und nie mehr zurückkam. Die mit der Möwe, die aus unerfindlichen Gründen zutraulich wurde und ihm jahrelang immer auf der Schulter saß, wenn er vom Boot kam und durch Skidegate nach Hause spazierte. Und die mit dem Adlerküken, das er fand und aufgezogen hat. Ob es etwas zu bedeuten hat, dass die Möwe gerade ihn ausgesucht hat und dass gerade er an das Bärenkind und das Adlerküken geraten ist? Er schweigt und scheint tief in sich hinein zu lächeln. Es hat einen Grund. Es hat mit dem Raben zu tun, der am Anfang von allem stand und immer noch da ist. Watson hat die Geschichte dazu heimlich vergessen.

Freier Flug für den unsichtbaren Drachen

»Hongcouver«: Asien greift nach Kanadas Westküste

Nathan Fong verdient sein Geld damit, Salate adrett zu frisieren, Sushi zu schminken und Hamburger zu maniküren. Der Mann ist Food-Stylist und wird gerufen, wenn ein Menü besonders fotogen zurechtgemacht werden soll – sei es für ein Werbefoto, sei es für Fernsehaufnahmen. Oder sei es bei Dreharbeiten in Vancouver, wenn in einer Filmszene das Steak am Bildrand neben Harrison Ford auf einen Oscar für die beste Nebenrolle hofft.

Nach Feierabend shoppt Fong für die eigenen Küchenkreationen ebenso wie für die Schminkjobs des kommenden Tages und kauft gezielt, was nicht für jedermann appetitlich aussieht – oder ganz besonders: zwischen Hastings und Union Street, hinterm Drachentor zwischen Taylor and Gore Street. Er fährt zum Einkaufen nach Asien und muss dafür nur ein paar Kreuzungen weit.

Vancouver hat das nach San Francisco und New York drittgrößte Chinatown außerhalb Asiens. Über dreißigtausend Menschen leben dort in der etwa vier Blocks langen und dreieinhalb Blocks breiten Stadt in der Stadt. Viele von ihnen können nur ein paar Worte Englisch, die Straßenschilder sind zweisprachig. Sie verkaufen vor allem, was sie selbst am liebsten essen – und die Geschäfte laufen gut. Getrocknete Pilze aus Kanton neben den umstrittenen getrockneten Haifischflossen zum Juwelenpreis – das Pfund für über fünfhundert kanadische Dollar. Glasnudeln im Halbkilopack türmen sich neben kuriosen Kräutern in den Schaufenstern entlang von Pender und Keefer Street, Wundermedizin in kleinen Beuteln ist neben exotischen Früchten drapiert. Und durchs Imbissfenster nebenan verkauft ein alter Mann Brötchen, die mit warmer Barbecue-Schweineschwarte vom Grill gefüllt sind. Über Chinatown liegt das Aroma einer anderen Welt, der Duftbrei Südostasiens, der Singsang-Tonfall eines fernen Kontinents. Und an der Ziegelwand gegenüber hat Air Canada Billigflüge nach Hongkong und Shanghai plakatiert. Um Asien zu erleben, braucht man in Vancouver eigentlich nur Bus oder Taxi.

Mehr als ein Viertel der Bevölkerung im Großraum der Westküstenmetropole ist inzwischen asiatischer Abstammung. Es gibt die beiden Lokalzeitungen *Sing Tao* und *Ming Pao* auf Mandarin und Kantonesisch, stadtweite Radiosender mit nichts als asiatischer Musik im Programm. Es gibt die ganze Bandbreite der Küche Asiens – und ihrer Zutaten. Der Vorort Richmond ist noch einen Schritt weiter. Dort stellen die Asiaten bereits die Mehrheit und flanieren durch Asia-Shoppingmalls.

Vancouver ist auf dem Weg nach Fernost, und längst wurde das Spottwort »Hongcouver« von der Realität eingeholt. Gleichzeitig hat es seinen negativen Unterton verloren. Kaum eine Metropole ist weltweit so sehr und zudem seit jeher Schmelztiegel der Kulturen – kaum irgendwo funktioniert es so gut. Und kaum anderswo ist das Zusammenleben von Menschen verschiedenster Kulturen leichter denkbar als in einer Stadt, die erst knapp älter als hundertdreißig Jahre ist und durch Zuwanderung erfunden wurde. Vancouver ist extrem tolerant, ist so vielfältig zusammengesetzt wie die Kommandobrücke von Raumschiff Enterprise – und erfindet sich jeden Tag neu.

Längst verkaufen asiatische Designer-Labels ihre Kleidung in exklusiven Boutiquen in Downtown, längst gibt es Geschäfte, in denen zur Berieselung traditionelle chinesische Musik gespielt wird. Und sollte mal jemand mitten in der Großstadt meditieren wollen, kann er sich in den chinesischen Dr.-Sun-Yat-Sen-Garten an der Carral Street zurückziehen, wo die Elemente Ying und Yang in Harmonie zwischen Springbrunnen und Teichen ausbalanciert sind und Großstadthektik ausgesperrt bleibt.

Kaum ein Tag vergeht, an dem nicht ein neues laotisches Restaurant eröffnet, ein malaysisches Gasthaus im Dschungel-Look aufmacht oder ein japanischer Teppanyaki-Grill der Extraklasse zum neuen Hotspot gekürt wird – und immer ist Nathan Fong mittendrin und schminkt Spezialitäten fürs offizielle Eröffnungsfoto. »Inzwischen«, erzählt er, »verschmelzen die Stile, die Zutaten, die Traditionen. Französische Chefs bauen Seegras aus der asiatischen Küche in ihre Menüs ein. Asiaten servieren Heringseier auf den Blättern der Wasserpflanze

Kelp wie in der Küche der Westküstenindianer«, schwärmt er, während er in kurzen Hosen beim Fotoshooting am Strand von Kitsilano Beach den entscheidenden Klecks orangefarbenes Dressing auf einen Glasnudelsalat tupft: »Nirgendwo, zumindest in Kanada, vielleicht in der Welt, ist die Küche zur Zeit farbiger, bunter, abwechslungsreicher und am Ende intensiver als hier bei uns in Vancouver.«

Hidekazu Tojo gehört zu den asiatischen Emigranten der ersten Welle – kein Flüchtling, sondern einer, der bereits 1971 kam, um ganz gezielt sein kulinarisches Glück in Kanada zu machen. Keiner rollt gebratene Lachshaut heute geschickter als er, keiner würzt sie besser. Keiner füllt Zucchiniblüten fingerfertiger mit Krebsfleisch und frittiert sie punktgenauer. Der Mann mit dem blauen Stirnband ist mehr als nur Vancouvers Sushi-König: schwierig, bei ihm kurzfristig einen Platz zu bekommen. Aber auf besonderen Wunsch liefert der Mann auch frisch per Flugzeug an – sofern der Privatjet für den Transport vom Kunden organisiert und bezahlt wird. Bei den Rolling Stones funktioniert das so. Sind sie in Vancouver, fahren sie selbst zu Tojo-san. Geben sie ein Konzert, bastelt er hinter der Bühne für sie das Sushi. Treten sie in Portland oder Seattle in den benachbarten US-Bundesstaaten, in Calgary oder Edmonton auf, holt ein Kurierfahrer das Sushi bei Tojo am West Broadway 777 ab und bringt es direkt an die Kabinentür des bereitstehenden Privatjets.

Nathan isst oft bei Tojo. Seinen Schminkkoffer braucht er dort nicht, denn alles ist Natur und sieht von vornherein bestens aus. Alles, was der Sushi-Meister verarbeitet, hat er auf Vancouvers Märkten eingekauft, alles stammt aus der Region – vom Shrimp bis zur Zucchiniblüte. Ware aus der Designerwerkstatt der Lebensmittelkonzerne kommt ihm nicht unters Hackmesser. Er legt die Stirn in Falten, als ob ihn der Ekel packt, wenn er von Supermarktware spricht. »Das Einzige, was hinter meiner Theke aus einer Fabrik stammt, sind meine Nike-Turnschuhe«, sagt er, grinst und streicht sich blitzschnell mit der rechten Hand über den dünnen Schnurrbart. Nebenbei scheucht er seine Kellner, nimmt geflüsterte Infos über Sonderwünsche mancher Gäste entgegen, ruft »Hai« und »Dozo«. Stammgäste bekommen, was ihnen gefällt. Alle anderen bekommen, was ihnen gefallen wird: »Sie brauchen meine Speisekarte nicht«, sagt er. »Sie verraten mir am besten einfach, was Sie gerne mögen und bekommen es besser. Sie sagen mir, was Sie nicht mögen und bekommen es so, dass sie künftig danach fragen werden.« Der Mann mit dem energischen Augenausdruck ist selbstbewusst. Er kann es sein. Neben der Theke kleben die Erinnerungsfotos: Tojo-san mit seinen Stammgästen. Mit Mick Jagger und Keith Richards, mit Yo-Yo Ma, Oscar Peterson und Pink Floyd.

Seit den siebziger Jahren haben vor allem Hongkong-Chinesen Vancouver als zweite Heimat entdeckt, und kurz vor der Rückgabe der einstigen britischen Kronkolonie an China wanderten in erster Linie die Reichen in Scharen nach Vancouver aus. Sie ließen sich gewaltige Villen in den Hang von

Grouse oder Cypress Mountain in North Vancouver bauen, finanzierten neue Wolkenkratzer voller Luxusappartements in Downtown. Anfangs mussten sie ihre Architekten an die Westküste Kanadas mitbringen, damit die für den freien Flug des unsichtbaren Drachen sorgten. Feng-Shui-Meister bestimmten, wie die neuen Wolkenkratzer im richtigen Verhältnis zu den Nachbargebäuden gewinkelt sein mussten, wie die Fenster ausgerichtet werden sollten und wie die Treppen in der Lobby idealerweise geschwungen zu sein hatten, damit der freie Zug der Energien nicht behindert werde.

Inzwischen kommt kein Architekt in Vancouver, egal welcher Abstammung, mehr ohne Kenntnisse zumindest der Grundregeln des Feng-Shui aus. Jeder hat lernen müssen, wann und wo eine Millionenvilla gegebenenfalls ein kreisrundes Loch in die Fassade bekommen muss, hinter dem nur der Himmel ist. Und manche von ihnen haben sogar gelernt, die Blätter der Jalousien in ihren Büros so geschrägt einzustellen, dass sie nach innen leicht ansteigen. Das hält die Energie im Raum. Und noch entscheidender ist: Es beeindruckt die asiatischen Geldgeber beim Meeting im Architektenbüro, wenn solche Details dort beachtet werden.

Feng-Shui boomt weiter, denn selbst nach Abflauen des großen Zuzugsbooms der neunziger Jahre sind es noch immer viele begüterte asiatische Einwanderer, die die Hochhausappartements am Burrard Inlet und am False Creek kaufen oder mieten und peinlich genau auch aufs Übersinnliche achten.

Als die ersten Chinesen vor über hundert Jahren herzogen und Chinatown zum eigenen Stadtviertel heranzuwachsen begann, spielten solche Details noch keine Rolle. Wichtig war nur das Dach über dem Kopf. Erst mit dem Wohlstand begann der korrekte Fluss der Energien wichtig zu werden. Auch Nathan Fong hat Haus und Mobiliar erst kürzlich auf die idealen Bedingungen für alle unsichtbaren Kräfte hin von einem Feng-Shui-Meister überprüfen lassen. Nur ein Bild musste er umhängen, einen Spiegel aufhängen und zum Glück nichts mehr an der bereits montierten neuen Edel-Einbauküche mit Wurzelholzfurnier ändern, wo er seine Burger für Hollywoodauftritte und Werbefotos schminkt. Der Feng-Shui-Experte war an jenem Nachmittag in Eile, hatte noch eine Reihe weiterer Termine und parkte im Halteverbot vor der Tür. Nur eine Dreiviertelstunde brauchte er für den Check, hundertfünfzig Dollar hat die Analyse gekostet. Und seitdem fühlt Nathan sich noch ein bisschen wohler in seinem Haus im West End – und kocht mit noch ein bisschen mehr Begeisterung chinesisch.

Die ältesten Gebäude Chinatowns unterdessen hatten äußerlich nicht erkennbare Zwischengeschosse. Diese *hidden floors* sollten vor allem den Stadtvätern verborgen bleiben, weil die Zuwanderer aus dem Reich der Mitte nach genutzten Quadratmetern besteuert wurden. Inzwischen sind diese Stockwerke trotz ihrer niedrigen Decken erschlossen. Einfache chinesische Restaurants sind dort eingezogen, Friseure, Privatleute – und Fenster gibt es inzwischen auch.

Die reichen Zuwanderer vor allem aus Fernost zeigen sich mittlerweile ihrer neuen Heimat erkenntlich und knüpfen an die Tradition des Mäzenatentums an. Hier eine halbe Million für die Vancouver Opera, dort ein paar Hunderttausend Dollar für ein Museum oder ein dringend benötigtes Gebäude für die University of British Columbia als Geschenk – alles uneigennützig und aus Überzeugung, oft sogar verbunden mit der Auflage, als Spender nicht namentlich bekannt gemacht zu werden. Vancouver gibt viel. Da ist es nur legitim, ab und zu etwas zurückzugeben. Und es ist keineswegs anbiedernde Dankbarkeit, wenn die Vancouver Opera ausgerechnet die zeitgenössische chinesische Oper »Savage Land« von Jin Xiang mit einem Libretto von Wan Fan in der Originalsprache auf den Spielplan hebt. Es ist adäquat, ein Erfordernis der kulturellen Vielfalt dieser Stadt – eher Bedürfnis als ein Zugeständnis an eine Zielgruppe oder eine Geste an einen Gönner. Die Aufführungen von »Savage Land« waren fast alle ausverkauft.

Inzwischen gibt es keine hundertfünfzig Meter von Chinatown mit seinen kleineren Familienbetrieben entfernt einen großen Asia-Supermarkt mit abgepackter, verschweißter und sauber etikettierter Importware aus China, Japan, Korea und Thailand, mit Angestellten in weißen Kitteln, von denen manche sogar Englisch sprechen – und mit Festpreisen: zwei Dollar neunzig für zweihundertfünfzig Gramm eingeschweißte Entenfüße, ein Dollar neunzig für dreihundert Gramm Schweineherzen. Mit Verspätung hat die Welt der Einkaufswagen und der Scannerkassen nach der kleinen Welt nebenan gegriffen. Viele Asiaten kaufen inzwischen im neuen Supermarkt, viele Vancouveraner anderer Herkunft tun es ebenfalls. Alles ist so einfach: kein Feilschen, für niemanden Sprachprobleme, kein Umgewöhnen, einfach an der Kasse die Kreditkarte zücken und zahlen. Nathan Fong kauft nicht hier. Er spricht Mandarin und kommt in Chinatown besser zurecht. Dort hat er mehr Spaß beim Einkaufen.

Und Tojo-san würde sowieso keinen Supermarkt betreten: »Um Fleisch oder Fisch in ein Styroporschälchen zu packen und einzuschweißen, braucht man Zeit. Ein paar Minuten, vielleicht sogar nur Sekunden. Es ist die Zeit, die die Frische vernichtet«, sagt er. »Sobald die Folie das Fleisch oder den Fisch luftdicht versiegelt, ist es keine Frischware mehr. Und ich brauche Frisches.« So einfach ist das.

Seit ein paar Jahren schon gibt es auch in Chinatown wie draußen im schmuckloseren Richmond an Sommerabenden einen Nachtmarkt auf den Straßen. Autos sind dann ausgesperrt. Der Asphalt zwischen den Geschäften, den fremden Schriftzeichen an den Schaufenstern, den pagodenartigen Vordächern, gehört für ein paar Stunden den Flaneuren. Und den Ständen. Blinkende Miniradios für Cent-Beträge türmen sich neben Billigarmbanduhren im Edel-Look, T-Shirt-Berge neben Tees, Kinderspielzeug aus Plastik in schrillsten Farbtönen wartet neben Jeans für ein paar Dollar auf Käufer. Wieder duftet es nach ferner Welt, wieder stehen

Garküchen zwischen den Ständen, wieder sind Brötchen mit scharfer Barbecue-Schweinekruste der Renner. Und wieder lehnt Nathan Fong an der Theke, kaut Schwarte und Teig und plaudert nebenbei auf Mandarin. Feierabend für heute. Der Schminkkoffer steht zu Hause im Westend, der Tag ist gut gelaufen: Dreharbeiten für einen Werbespot. Eine komplette Mahlzeit musste filmreif angerichtet werden, obwohl das meiste davon später nur im Hintergrund zu sehen sein wird. Ein Steak war auch dabei, spielte eine kleine Nebenrolle in der Zweiundzwanzig-Sekunden-Szene. Einen Oscar wird es dafür nicht geben. Aber vielleicht meldet sich ja Steven Spielberg und möchte auch mal mit derart appetitlicher Deko in Vancouver arbeiten – und nach Drehschluss ein paar Kreuzungen vom Set entfernt durch Asien bummeln.

Piratenflagge über Spanish Banks

Das Strandleben an der »kanadischen Riviera«

Über Spanish Banks weht die Piratenflagge. Sie flattert am Heck eines Dingis, das dort im hellen Sand auf Grund gelaufen ist, und neben der Reling sonnt sich der Kapitän an Land auf seinem Badelaken. Den Anker brauchte er nicht zu werfen. Nur die Segel hat er eingeholt. Ein paar Stunden später wird die Flut das Dingi wieder von der Sandbank heben. Der Wind wird es die paar Kilometer zurück in den Hafen tragen, und der Pirat wird sich auf den Weg nach Hause machen und die Tür irgendeines Wolkenkratzer-Appartements hinter sich zuziehen.

Die kanadische Küstenwache kümmert sich nicht um die Beflaggung des kleinen Segelbootes. Der Dingi-Mann kommt bei schönem Wetter jeden Tag, und er ist inzwischen längst nicht mehr der Einzige, der den Totenkopf statt des Ahornblattes hisst. Wer er ist? Warum er das macht? Das interessiert keinen im unkomplizierten Kanada. Hauptsache, es gefällt ihm. Spanish Banks ist der schönste Strand der »kanadischen Riviera«, der Pazifikküste zwischen Vancouver und Tsawwassen an der Grenze zur USA. Zweimal am Tag gibt der Ozean bei Ebbe diese Sandbank frei – ein paar Hundert Meter lang ist sie, zwei Dutzend breit. Zweimal holt er sie zurück als seien alle Südseeträume so hoch im Norden ohnehin nur vorläufig. Meistens ist Spanish Banks nur per Boot zugänglich. Nur bei extremer Ebbe ist dieser Strand zu Fuß von der Kitsilano-Halbinsel aus erreichbar – nicht beim normalen durchschnittlichen Tidenhub von etwa drei Metern.

Vancouvers Wassertemperaturen sind trotz der begünstigten Lage, trotz des milden Klimas eher etwas für Abgehärtete: Über fünfzehn, sechzehn Grad steigen sie selten, und nur in sehr warmen Sommern können es an windgeschützten Stellen mal zwanzig Grad sein.

Dafür reichen ein paar Sonnenstrahlen, um die Menschen in Scharen eine Mittagspause lang oder nach Feierabend an die Stadtstrände zu locken: an die English Bay von Downtown mit den Wolkenkratzern im Rücken, an den gegenüberliegenden Kitsilano Beach. Die Menschen und ihre Lebensfreude sind es, die aus diesen Stränden die »kanadische Riviera« machen. Wassertemperatur hin oder her. Sie kommen, um Beachvolleyball zu spielen, treffen sich mit Freunden, bauen den Barbecue-Grill auf, ziehen sich zum Lesen hinter einen Felsvorsprung zurück, flirten im angrenzenden Park oder tauchen im beheizten Swimmingpool direkt am Strand ab – alle Nationalitäten der Multikultistadt durcheinander, miteinander, querbeet. Ob Turban oder Baskenmütze, ob kahler Schädel oder Hippiemähne, ob Inder oder Pakistani, ob europäischer oder asiatischer Abstammung. Alles dabei – und jede Menge Hunde auf Beach-Ausflug mittendrin, ohne dass es irgendjemanden stören würde. Sogar Boule-Spieler sind darunter, manchmal Jongleure und Kleinkünstler. Mit dem Hut geht niemand herum, Kurtaxe gibt es nicht. Was hier geschieht, inszeniert jeder nur für sich selbst – und für alle anderen, die Spaß daran haben.

An manchen Abenden gehört Winken zur Strandbeschäftigung. Dann drehen die gerade ausgelaufenen Kreuzfahrtschiffe auf dem Weg nach Alaska zwei, drei Ehrenrunden durch die Bucht mit kaum mehr als Schritttempo, weil der Blick auf den Sonnenuntergang von dort aus am schönsten ist. Die Passagiere stehen hinter der Reling oder an den Balustraden ihrer Kabinenbalkone auf den teureren Decks, winken und rufen – und der Strand antwortet.

Jeremy Slater hat früher als Skipper auf den Jachten der Reichen vor Antigua gearbeitet, hat für Talkmasterin Oprah Winfrey die Segel gesetzt und europäische Adelige herumgefahren. Jetzt hat er sein eigenes Boot, kreuzt jeden Tag mit neuen Gästen an Bord seines Einmasters »Simplicity« auf dem Burrard Inlet und in der English Bay – mit Ahornblatt am Heck statt Knochenmann. Sein voriges Leben will er nicht zurück: »Warum Antigua, wenn es auch Vancouver sein kann?«, fragt er, rückt die Sonnenbrille zurecht und grinst. Vor ein paar Jahren war hier sogar Kino-Veteran Sean Connery sein Nachbar. Der war ein paar Tage lang mit seinem liebevoll ausstaffierten Oldtimerschiff zu Gast am Anleger von Cole Harbour in Downtown, sonnte sich an Deck und scheute sich nicht, mal auf einen Drink bei Jeremy vorbeizuschauen.

Auch wenn es offiziell nicht erlaubt ist, leben die meisten Eigner auf ihren Booten in Cole Harbour, zahlen je nach Abmessungen ihres schwimmenden Zuhauses zwischen vier- und fünfhundert Dollar Liegegebühr im Monat für eine Toplage zu Füßen der teuersten Appartementgebäude – mit bestem Blick vom Steuerstand aus Richtung Stanley Park und Mount Seymour. Inoffiziell hat niemand etwas dagegen. »Wir sind dort wie eine große Familie, feiern fast jeden Abend auf irgendeinem anderen Boot. Wir können jederzeit die Taue lösen, sind weniger als eine Stunde später in Spanish Banks, können vor Ladenschluss zurück sein und abends in die Oper oder auf ein Rolling-Stones-Konzert gehen. Das hast du auf Antigua nicht …«

Vorsichtig sein müssen die Skipper Vancouvers bei Gegenverkehr aus der Luft. Wasserflugzeuge haben immer Vorfahrt. Ihre gedachte Landepiste ist keine hundert Meter von Cole Harbour entfernt. »Die Jungs haben es drauf«, sagt Jeremy. »Manchmal ziehen sie draußen in der Bucht sehr flach über die Masten hinweg.« Dass nichts schiefgeht, wird vom Dach des Wolkenkratzers der *Vancouver Sun* aus sichergestellt. Auf der Spitze des Zeitungshochhauses befindet sich der Tower der Wasserflugzeugbasis.

Bill Reed liebt die Strände so sehr, dass er seit mehr als zwei Jahrzehnten ehrenamtlich baden geht. »Ich brauche einen Vorwand, um jede freie Minute dort verbringen zu können«, lacht er. Der Grafiker jobbt so oft es geht als Rettungsschwimmer und bezieht Position am Strand von English Bay: rote Hose, rotes Shirt, rote Jacke, rote Schirmmütze, schlabberige Sandalen und sehr coole Brille.

»Manchmal«, sagt er, »lässt es sich hier am Strand richtig gut flirten, aber der Aufpasserjob geht natürlich immer vor.« Er schiebt die Brille nach vorne und zwinkert mit dem linken Auge. »*You are on duty here – if you are a lifeguard.*«

Von halb zwölf vormittags bis neun Uhr abends sind die zehn *Lifeguard*-Stationen an Vancouvers Stadtstränden zwischen Mitte Mai und Mitte September besetzt. Morgens ruft Bill die Leitstelle an und fragt, wo noch jemand zur Unterstützung der fünfundzwanzig hauptamtlichen Lebensretter gebraucht wird. »Unser oberstes Ziel ist, gar nicht erst nass zu werden. Dann haben wir gut aufgepasst.« Oft muss er sich nicht abtrocknen – nicht im Dienst.

Und wenn er selbst ins Wasser will, dann steuert er Wreck Beach an, den Lieblingsstrand gerade der jüngeren Leute aus Vancouver – am abgelegensten Zipfel der »kanadischen Riviera« nahe der Mündung des Fraser River, gesäumt von Wald. »Du kannst nicht direkt am Strand parken, musst zu Fuß über das Gelände der Universität laufen, durch den Wald, bis du endlich am Strand bist. Das ist der Polizei zu mühsam, und deshalb ist Wreck Beach unser Nudistenstrand geworden.« Wer will, zieht sich aus. Wer es nicht will, lässt es bleiben. Beides nebeneinander ist kein Problem. Jeder wie es ihm gefällt. Und falls hier jemand die Piratenflagge hisst: »*Why not? It's fun!*«

Der gefiederte Bote des Schöpfers

Bei den Stadtindianern von Vancouver

Gary Johnston muss kurz überlegen, während er die Haustür in North Vancouver zuzieht, nebenbei mit den Fingern der rechten Hand über sein Amulett streicht und durch den Vorgarten Richtung Auto spaziert: Nein, die Schöpfungsgeschichte der Squamish-Indianer könne er beim besten Willen nicht erzählen. »Noch nicht. Sie ist von den Stammesältesten noch nicht freigegeben. Aber sie diskutieren darüber. Es kann sein, dass ich sie bald erzählen darf.« Er zuckt fürs Erste mit den Schultern. Und er lächelt.

Sein Gesicht ist weich, ein bisschen voller, die Haare sind pechschwarz, die Augen wachsam. Gary ist Squamish – und nebenberuflich ist er so etwas wie ein Sprachrohr der »Squamish First Nation«, der Stadtindianer von Vancouver. Sie waren da, bevor die Weißen kamen, die Schwarzen, die Gelben, die Zuwanderer aus aller Welt, die heute Vancouver ausmachen. Ihnen gehörte das Land, auf dem heute die Fundamente der Wolkenkratzer verankert sind, Gleise liegen, Fabriken gebaut sind, Villen stehen, Straßen verlaufen. Sie waren nicht die Gründer Vancouvers, aber mehr als jeder sonst sind sie die Väter dieser Stadt.

Straßenzug um Straßenzug haben die Squamish

vor Gericht ihre Landrechte eingeklagt, nach und nach haben sie einzelne Grundstücke rückübertragen bekommen – sogar einen Teil des Parks im Schatten der Molson Brauerei. Die olympischen Winterspiele 2010 in Whistler wurden zu einem Großteil auf Land der Squamish ausgerichtet – mit deren Zustimmung.

Etliche Prozesse um Stadtgrundstücke laufen noch immer, und oft geht es darum, wie die Landabtretung vor hundert, hundertfünfzig, manchmal vor zweihundert Jahren im Detail abgelaufen ist. Ob es Verträge gibt, ein Kaufpreis floss, alles legal war und fair.

Ihr Eslahan-Reservat liegt in North Vancouver und umfasst Grundstücke am Mosquito Creek mit schönem Blick über Burrard Inlet hinüber auf Downtown. Zur Wasserbus-Haltestelle von Lonsdale Quay sind es nur ein paar Gehminuten.

Wer es nicht weiß, bemerkt kaum, dass er sich plötzlich in einem Reservat bewegt: die gleiche Architektur wie fünfzig Meter vorher, die gleichen Autos in den Einfahrten, die gleichen sommerlichen Grillpartyszenen auf den Verandas Richtung Vorgarten. Nur sehr wenige haben die Holzfassaden ihrer Häuser oder die Garagentore mit indianischen Motiven bemalt. Als ob die Squamish inkognito auf dem eigenen Land lebten. »Wir sind sehr stolz auf unsere Traditionen, auf unsere Herkunft«, sagt Gary. »Wir leben mittendrin. Wir gehören dazu. Und wir sind keine Showtruppe, die sich wie auf dem Rummelplatz besichtigen lassen möchte. Wir wohnen wie alle anderen. Trotzdem möchten wir etwas zeigen und etwas erzählen – aber nur denen, die sich wirklich dafür interessieren.«

An den Zufahrten zum räumlich zersplitterten Reservat, dessen verschiedene Gebiete manchmal nur einen Straßenzug umfassen, bremsen Hinweisschilder den Durchgangsverkehr: Zufahrt frei nur für Anlieger – und für solche, die ein Anliegen haben und mit dem Wohlwollen der Squamish First Nation schauen möchten. Gary war es, der die Stammesältesten überzeugt hat, dass eine gewisse Öffnung das Zusammenleben erleichtert, das Verständnis für einander steigert und sogar Traditionen bewahren hilft. Er war es, der den *chiefs* und den Medizinleuten klargemacht hat, dass die Fremden nicht neugierig sind, um hinterher zu spotten, sondern weil sie sich interessieren. Er bekam die Erlaubnis, Touristengruppen durch das Reservat zu führen, ihnen einige der wenigen verbliebenen traditionellen Langhäuser zu zeigen und ihnen von Wissen und Werten der Squamish zu erzählen. Er tut es nebenbei und unterrichtet im Hauptberuf Marketing an einer Fachhochschule in Vancouver. Es kann sein, dass sich die Gewichte bald verschieben, denn das Interesse an der Kultur der Ureinwohner steigt – bei Ortsansässigen wie bei Touristen, von denen zum Beispiel kaum einer vom drüben in Vancouver versteckt in der Scotia Street Ecke 5th Avenue gelegenen indianischen Kulturhaus mit seinen Totempfählen weiß, und jeder immer nur die im Museumsstil präsentierten Totems für die Massen im Stanley Park ansteuert.

»Warum«, hatten die Stammesältesten noch bis

fast ins neue Jahrtausend hinein entgegengehalten, »sollten wir unser uraltes Wissen ausgerechnet mit der Kultur teilen, die uns seit Jahrhunderten unterdrückt?« »Weil es heute gut für die Squamish wäre und gestern vergangen ist«, hat Gary geantwortet.

Bis 1951 galt ein Gesetz, das es Indianern verboten hat, sich in ihrer eigenen Sprache zu verständigen. Das ihnen verboten hat, Totempfähle aufzustellen oder auch nur zu besitzen. Das ihnen ein Versammlungsverbot auferlegte und Zusammentreffen von mehr als drei Ureinwohnern unter Strafe stellte. Das ihren Kindern verboten hat, auf dem Bildungsweg über das achte Schuljahr hinaus zu gelangen. Bis 1960 hatten sie kein Wahlrecht. Und erst vor drei Jahrzehnten haben die etwa dreitausend verbliebenen Squamish eine Schriftform ihrer bis dato nur mündlich überlieferten Sprache geschaffen, um sie für die Nachwelt zu bewahren. Gut dreißig Stämme gibt es allein in British Columbia – fast alle mit eigenen Sprachen, die meisten so unterschiedlich, dass die Verständigung untereinander in der jeweiligen Muttersprache nicht funktioniert.

Jede Geschichte, jede Information über ein einzelnes Symbol eines Totempfahls, über die Bedeutung einer Bewegung innerhalb eines Tanzes, über Masken und Medizin – alles bedarf der Freigabe durch die Ältesten. Oder es bleibt tabu. »Wir sind gerade im Vergleich mit den anderen *First Nations* sehr weit in unserer Öffnung, wahrscheinlich am weitesten. Wir wissen bereits, dass wir dadurch gewonnen, nicht verloren haben. Und mit jedem neuen Tag sind wir wieder ein Stück weiter. Es ist wichtig zu beginnen. Der Sonnenaufgang ist der Weg zu den Sternen.« Schön klingt das, was er da mit leiser, milder Stimme sagt. Und immer klingt unendlich viel Geduld durch.

Trotzdem muss Gary auf manche Frage antworten wie ein Regierungssprecher: »Ich darf nur bestätigen, dass es diesen Tanz gibt. Er zählt zu unseren großen Geheimnissen. Fremde dürfen ihn bislang nicht sehen, und ich kann nichts zu seiner Bedeutung sagen, nichts zum Anlass dieses Tanzes. Vielleicht eines Tages.« Er lächelt so einnehmend, dass ihm selbst solche Antworten niemand übel nimmt – und niemand insistiert.

Über manches selbst aus der traditionellen Medizin der Squamish darf Gary sprechen, und er dürfte einige der Mixturen sogar weitergeben. Die wenigsten Fremden möchten das: »Es ist zu kompliziert. Sie sind zu skeptisch oder haben Angst. Sie könnten Fehler in der Anwendung machen. Ein Mittel zur falschen Zeit einnehmen. Am falschen Ort.« Gleichzeitig ist es für die Squamish heikel, anderen zu ihrer Medizin zu raten. Sie glauben, dass eine Krankheit auf sie zurückfiele, wenn sie in der Behandlung etwas falsch machten.

Was er denn Traditionelles gegen Kopfschmerzen einnehme, wird Gary oft gefragt. »Nichts«, sagt er mit einem Gesichtsausdruck, als ob er die Frage nicht ganz verstünde. »Ich bekomme gar nicht erst welche. Vielleicht weil ich nie moderne Medizin einnehme.«

Eigentlich ist er in seiner Familie als Jugendlicher dafür bestimmt gewesen, ein Heiler zu werden und alles über die Medizin der Vorfahren zu lernen. Er hätte damals dafür vier Jahre ohne menschlichen Kontakt in den Wäldern leben müssen – und wollte das nicht. Warum er sich dagegen sträubte? Weshalb er sich dieser Herausforderung nicht gewachsen fühlte? Ein Lächeln als Antwort. Und diese zwei Sätze: »Ich habe das Wissen meines Großvaters, aber mir fehlt die Kraft, die aus dem Wald kommt. Es ist eine lange Geschichte.« Eine, die zu viele Punkte berührt, die noch tabu sind. Vielleicht ist es irgendwann so weit, dass er sie erzählen kann.

Immer wieder verhandelt Gary mit den Stammesältesten. Er möchte das interkulturelle Kennenlernprogramm gerne noch weiter ausbauen – auch über die Touren im traditionellen Kanu hinaus, zu denen er die Fremden inzwischen mitnehmen darf. Jedes dieser Boote ist aus einem einzigen Baumstamm geschnitzt. »Die Carver«, erzählt er, »ziehen dafür die weibliche Zeder vor. Sie verhält sich unter ihren Messern und Stemmeisen kooperativer.« In einem Punkt weicht er bei seinen Kanutrips inzwischen von der Praxis seiner Vorfahren ab: Er trägt eine leuchtend rote Schwimmweste – und jeder seiner Mit-Kanuten hat ebenfalls eine an. Die *coast guard* schreibt es so vor.

Manchmal ist Norm da, wenn Gary mit dem Kanu an der Mosquito Creek Marina ablegt. Norm ist ein Weißkopfseeadler und seit Jahren dort in den Docks heimisch – zur großen Freude der Squamish. »Bei uns ist der Adler der Überbringer der Botschaften des Schöpfers.« Diesmal hockt Norm auf einem Poller am äußersten Rand der Marina und breitet die Flügel aus ohne abzuheben, während das Kanu ihn passiert. Gary lächelt still. Er könnte so viel mehr über Adler und Schöpfer erzählen, wenn er es dürfte. »Wir können sehr zufrieden sein. Bei jedem traditionellen Beisammensein auf der Festwiese vorm *longhouse* der Squamish kam, seit ich denken kann, ein Adler zu Besuch und zog Kreise am Himmel über uns.« Der Schöpfer hat seine Squamish nicht vergessen, nicht die dreitausend Leute, die im Kampf ums Überleben ihrer Erinnerungen auf die Zukunft und die Offenheit der anderen setzen.

Alles andere als Durchschnitt

Pop-Art-Künstler Joe Average aus Vancouver: Sterben, um zu leben

Seit vierunddreißig Jahren stirbt er. Und seit er es weiß, lebt er wie nie zuvor. Seitdem schüttelte ihm Prince Charles die Hand, Liz Taylor und diverse Premierminister. Schulkinder bitten ihn, eine Biene auf ihren Block zu skribbeln, und Erwachsene bitten um ein Autogramm auf ihrem Jogging-T-Shirt, wenn sie ihn während ihrer Runde im Stanley Park erkennen. Der Mann ist prominent, und dass er es ist, hat rein gar nichts mit dem Sterben zu tun, sondern mit den Farben, den Formen, der Fantasie. Mit Lebensfreude.

Als Brock Tebbutt aus Vancouver 1983 erfahren hat, dass er das Aidsvirus in sich trägt und die Krankheit jeden Moment ausbrechen könnte, hat er mit dem Betrinken aufgehört, fortan die Finger von den Drogen gelassen und seinen Job gekündigt. Er hat mit allem gebrochen, was war und vor allem mit sich selbst. Sogar ein neuer Name musste her – kein bloßes Pseudonym, einer für den Pass, für die Kreditkarte. Er wollte ein anderer sein, und er hatte die Kraft, es zu werden. »*Call me Average*, nennen Sie mich Durchschnitt«, sagte er und stieg um auf Joe Average – zu Deutsch etwa Otto Normalverbraucher.

Der neue Name steht inzwischen in seinen Papieren, auf seinen Flugtickets, in seiner elektronischen Patientenakte bei Hausarzt Dr. Richard Taylor. In Kanada ist es einfacher, ein anderer zu werden als in Mitteleuropa. Gründe sind zweitrangig. Der Wille entscheidet. Brock Tebbutt wollte es. Inzwischen ist er seit vielen Jahren Average und ist es doch nicht. Hürden gilt es nach wie vor zu überwinden. Zwischendurch hatte Facebook sein Profil gelöscht – weil der Name dem Konzern offenbar wie ein Fake erschien. Seine Freunde gründeten die Bewegung »Give us Joe Average back«. Und bald war sein Facebook-Profil zurück – mit inzwischen fünftausend Freunden. Er postet fast jeden Tag etwas.

Den Rest seiner Zeit auf Erden jedenfalls wollte er vom Moment des Todesurteils an leben und nur noch das machen, wovon er schon immer geträumt hatte: malen. Bunt. Frech. Anders. Ein bisschen wie im Cartoon, ein bisschen wie Picasso und Braque. Das war 1983. In seinem Kopf gab es die Bilder schon, die Fantasiegestalten mit den schwarzen Linien vor Kobaltblau, vor Giftgrün und Sonnengelb. Die Bienen und Fische, die Blumen, die Sonnen, auch die auf einzelne Gesichtszüge reduzierten Porträts. Die violetten Augen auf gelber Haut. Die in kubistische Bausteine zerlegten Goldfischgläser, die sein Pinsel aus drei Blickrichtungen gleichzeitig betrachtet und zu einer verschmilzt. All das schien nur auf die Gelegenheit zu warten, gemalt zu werden. Und so begann er, der nie eine Kunstschule besucht hat und eine Aversion gegen Galerien als Orte institutionalisierter Ehrfurcht hat, seine Fantasiegestalten auf die Leinwand zu bringen und dabei immer besser zu werden. Einfach, um mit der verbleibenden Zeit etwas Sinnvolles anzufangen. Dass andere auf das aufmerksam würden, was er schuf – dass sie es haben wollten und sogar Geld dafür böten, damit hat der ehemalige Brock Tebbutt nie gerechnet. Und darauf hat er nie gezielt hingearbeitet. Er bewundert David Hockney. Er verehrt Picasso, mag Roy Lichtenstein, Andy Warhol und Peter Max. Aber dass er in Kunstkritiken als »Picasso der Pop-Art« gefeiert wurde, das macht ihn sprachlos. »*You think so? Oh. Thank you*«, sagt er, wenn ihn wieder jemand so nennt. Und er versucht, das Gespräch schnell auf ein anderes Thema zu lenken.

Keiner hätte 1983 geahnt, dass dieser neue Joe Average binnen kurzer Zeit zum Keith Haring Vancouvers werden würde und seine Werke aus dem Straßenbild nicht mehr wegzudenken wären. Dass die National Gallery sich um Originale von ihm bemühen würde. Dass er, der Autodidakt, Mitglied der elitären Royal Canadian Academy of Arts werden würde, ohne sich je selbst darum bemüht zu haben. Dass eines seiner Gemälde millionenfach reproduziert und landesweit für fünfundvierzig Cent verkauft werden würde – die Joe-Average-Briefmarke. Dass das kanadische Fernsehen einen Film über ihn produzieren würde. Und dass Vancouvers seinerzeitiger Bürgermeister Philip Owen ihm zu Ehren den 3. November zum halboffiziellen Feiertag erklären würde – zum »Joe Average Day«, zum ewigen Gedenken an den größten Künstler der

Weltstadt am Pazifik. Und alles zu Lebzeiten. Mit der Krankheit hat all diese Bewunderung nichts zu tun. Für Aids gibt es keine Ehrenbürgerwürde.

Es ist, als ob Joe Average heute noch immer nicht so ganz wahrnähme, welche Dimension der Bewunderung ihm da entgegenschlägt, und immer noch ist es ihm sichtlich unangenehm, im Mittelpunkt zu stehen. Der Mann ist schüchtern, ist bescheiden. Er freut sich über jedes Lob für seine Arbeit und scheint gleichzeitig ständig ein bisschen daran zu zweifeln.

Die Angst vorm Sterben war Auslöser für den Ausbruch an Leben, für den absoluten Glauben ans Malen. Für den Versuch, den letzten, den größten Traum noch zu verwirklichen. Über dreißig Jahre lebt Joe Average jetzt mit der Krankheit: länger als er geglaubt hat, viel länger als jeder ihm prophezeit hat. Er hat Aufs und Abs erlebt. »*You know*«, sagt er, »im Laufe der Jahre habe ich alle alten, engen Freunde an diese Krankheit verloren. Sie sind lange tot.« Zweimal schon ist er selbst fast gestorben. Da ist das Virus gegen alle verfügbaren Medikamentenkombinationen resistent geworden, und Joe spürte den Zerfall. Spürte, wie die Kräfte nachließen. Das erste Mal rettete ihn nach ein paar Wochen ein neues Medikament, das endlich auf den Markt kam. Das zweite Mal dauerte ein Jahr, und es wurde brenzlig. Zwölf Monate Wehrlosigkeit, eine Ewigkeit abmagern und abschlaffen trotz ausgefeiltem Sport- und Ernährungsprogramm, trotz Fitnesscenter und jahrelangem Training. In jenem Jahr hat Joe Average nicht mal mehr gemalt – als hätte das Virus auch die Kraft der Farbe gefressen und als wären die Ideen zu blass geworden, um sie auf die Leinwand zu bringen. Dann endlich bekam ein neues Aidsmittel die Zulassung. Es schlug an und ließ ihn binnen eines halben Jahres wieder zu Kräften kommen. »Du stirbst nicht an Aids«, sagt er. »Du stirbst an irgendetwas. An Schnupfen. Am Niesen eines Tischnachbarn. Weil du keine Abwehrkräfte mehr hast.« Trotzdem geht Joe unter Leute, trifft Freunde, spaziert durch den Stanley Park, um sich unter seinen Lieblingsbaum zu setzen, der ihn auflädt und den er Dutzende Male skizziert hat.

Wenn er allein ist in seinem Appartement im West End mit Blick auf den Pazifik in der English Bay, dann ist Stan Getz zu Besuch und spielt Saxofon. Dann ist David Bowie da und singt »I, I will be king«. Oder das Chicago Symphony Orchestra hockt in den Boxen und spielt Bach. Still ist es selten, denn zum Leben gehören Stimmen, Töne. Und Farben. Inzwischen ist die Lebensfreude lange zurück. Sie war mit eingezogen in sein neues Appartement – weg aus der eher düsteren Bahnhofsgegend, hin ins junge, ins studentische, ins fröhliche West End. Mit der Wohnung hatte Joe sich einen Wunsch erfüllt. Sie ist nicht luxuriös, kein Neubau, kein Designer-Appartement. Aber sie ist schön: »Ich habe eine Dachterrasse. Und die verwandele ich gerade in einen Garten, kaufe jeden Tag neue Pflanzen. Ich habe Erbsen in einem Blumenkasten gesät und freue mich jeden Morgen an einem neuen Blatt, an einer neuen Ranke. Ich pflanze, und bald werde ich ernten. Und ich liebe Rosen, weil ihre Farben duften.« Er hat viele Rosen gekauft. Und Rankgitter aus Holz, dazu eine kleine Pergola. Und Efeu. Weil Efeu schnell wächst und der kleine Garten auf dem Dach grün sein soll, ohne Zeit zu verlieren.

Die Staffelei lehnte dort oben bereits an der cremefarbenen Mauer und wartete darauf, wieder Bilder wachsen zu sehen. Bis Joe Average beschlossen hat, nicht mehr zu malen: zu anstrengend, zu kräftezehrend. Obwohl er abgemagert ist, obwohl die zwischenzeitlich kurz geschorenen Haare schnell grau geworden sind und er sich oft die müden Augen reibt, leuchten sie wieder. Sie blitzen, wenn er Sätze voller Selbstironie, voller Galgenhumor, voller Witz sagt. Es sind knappe, zutreffende Sätze. Warmherzige Worte.

Und er sagt Sätze, die niemand in einen Roman oder ein Filmdrehbuch schreiben würde, weil sie zu erfunden klängen, je nach Betonung zynisch oder pathetisch. Und weil es Sätze sind, die kein anderer sagen darf. Sätze, die nur ein Betroffener finden kann: »Vielleicht war diese Krankheit das Beste, was mir geschehen konnte«, sagt dieser Joe Average. »Vieles in den letzten Jahrzehnten war sehr glücklich. Ohne diese Krankheit hätte ich nie den Mut gehabt, mit dem Malen wirklich zu beginnen. Und nichts wäre gewesen wie es war.«

Wenn er von seiner Krankheit spricht, redet er von »*my virus*« als ginge es um ein Haustier. Und der Tonfall ist ein bisschen so, als hätte die Katze, um die es geht, gerade wieder völlig unnötig Milch verschüttet, weil sie unbedingt mit den Füßen in den Napf trampeln musste. Es ist nicht zu ändern, und am einfachsten ist das Zusammenleben, wenn man es weiß und damit umgeht.

Als es ihm besonders schlecht ging und kein Mittel mehr wirkte, ließ er sich alle paar Tage im Studio der Fotografin Jamie Griffiths in unterschiedlichsten Positionen ablichten. Er wollte den Zerfall seines Körpers festhalten, wenn er ihn schon nicht aufhalten konnte. Und während er nicht malte, verfremdete er diese Fotos am Computer. Es wurde der Stoff seiner nächsten Ausstellung, und diejenigen, die bis dato nur seine farbintensiven Pop-Art-Kreationen kannten, haben sich gewundert – und mancher war einen Moment lang erschreckt. Das ist weder gewollt noch ist es verhindert. Es ist. »*It's the other side of the clown*«, sagt er. Inzwischen hat er die Fotografie als seine neue Kunst entdeckt – nicht mehr als ihr Motiv. Er hat den Spieß umgedreht. Er fotografiert jetzt selber. Aus ungewöhnlichen Perspektiven, mit überraschenden Details, in Schwarz-Weiß. Mit dem Blick eines Künstlers.

Joe Average lebt. In den Straßenbannern der Davie Street in Downtown, die seine Pop-Art-Sonne zeigen. In den Wegweisern des Szeneviertels Granville Island, die alle mit Charakteren aus seinen Gemälden gestaltet sind. In nummerierten und signierten Drucken, die in Vancouver in kleinen Galerien ohne Ehrfurchts-Entrées aus Marmor verkauft werden. Auf einem Kalender, der ewig ist, weil er nur Gemälde und Daten zeigt, aber keine Wochentage und auf kein Jahr festgelegt ist. Er lebt in seinen Gemälden in der National Gallery, im Foyer des British Columbia Institute of Technology, in der Vancouver Opera, auf einem Triptychon im Flughafen der Stadt, in zahllosen Sammlungen. Und am wichtigsten: auf einer Dachterrasse irgendwo im West End von Downtown Vancouver, wo inzwischen der Efeu rankt.

Kumpel mit Hang zur Wildnis

Der Westkanadier: Lagerfeuer vorm Wolkenkratzer

Ein netter Kerl, dieser Westkanadier: immer gut gelaunt, immer zu einem freundlichen Wort aufgelegt – außer wenn sein Eishockey-Lieblingsverein gerade ein Spiel verloren hat. Das kommt selten vor, obwohl viel Eishockey gespielt wird, denn die Lieblingsvereine sind meistens die, die gewinnen. Alles andere würde zu oft schlechte Laune bereiten.

In Westkanada sind alle mindestens drei Viertel des Tages gut drauf, über mehrere Ecken verwandt oder zumindest befreundet. Wo immer der Westkanadier auf einen Mitmenschen trifft, hebt er kurz die Hand zum Gruß, nickt, wirft ein schwungvolles »*hi*« hinüber auf die andere Straßenseite, plaudert drei Worte. Die kennen sich alle, scheint es, und die mögen sich alle irgendwie. Und vor lauter Offenheit werden sogar Wildfremde gegrüßt, Außerkanadier sozusagen, die manchmal erst vor einer Stunde mit dem Flugzeug gelandet sind und vor Ort definitiv noch nicht allzu viele Freundschaften geschlossen haben können.

Ist das oberflächlich, zu allen so nett zu sein? Es ist die Form der unbeschwerten Begegnung, der Alltagsfreundlichkeit, die in Europa verloren gegangen ist. Grüßt der Westkanadier mal nicht, sondern schaut brummig und abweisend, ist er garantiert Goldgräber und fürchtet, falls er angesprochen würde, womöglich durch zu viel spontane Offenheit irgendein Geheimnis über seinen *claim* preiszugeben …

Anders als der Amerikaner meint der Westkanadier es ernst, wenn er vorschlägt, man solle sich mal zum Essen treffen oder telefonieren oder zusammen Elche jagen oder zumindest im Kanu einen rauschenden Fluss im Gebirge hinunterdonnern. Und wiederum anders als der Amerikaner würde sich der Westkanadier an die Idee erinnern, wenn tatsächlich jemand darauf zurückkommen sollte.

Manchmal ist der Westkanadier deshalb enttäuscht und versteht nicht, warum er gerade allein im Wohnzimmer sitzt: Hatte er doch den neuen Bekannten gesagt, sie sollten diesen Abend einfach vorbeikommen. So gegen sieben vielleicht. Die haben irgendwas von »*yes*«, »*thank you*« und »*great*« gemurmelt und sind nicht aufgetaucht. Vielleicht weil sie vorher mal in den Vereinigten Staaten waren, solche Einladungen ernst genommen hatten und damit peinlich auf die Nase gefallen sind. In Kanada ist das anders. Hier scheint so etwas wie Zusammengehörigkeitsgefühl aus den Pioniertagen überlebt zu haben. Da freute sich der eine Trapper auch, wenn er in der Wildnis nach wochenlangem Alleinsein plötzlich auf einen anderen Trapper traf. Die unerwartete Geselligkeit fand er plötzlich sogar so toll, dass er nicht mal richtig böse war, wenn der andere am nächsten Morgen mit seinen zweiundzwanzig Biberpelzen abgehauen war, ohne Tschüss zu sagen …

Solche Ereignisse trieben die Vorfahren des Westkanadiers traditionell nicht ins innere Exil. Bis heute hat er sich grundsätzlich den Glauben ans Gute erhalten, ist nicht von Haus aus misstrauisch und schon gar nicht abweisend. In den karierten Holzfällerhemden, hinter den Bärten, unter den Lederhüten stecken richtig nette, große Kinder. Meistens.

Der Westkanadier lebt in zwei gegensätzlichen Welten und will keine von beiden missen. Er liebt sein Hochhaus-Appartement in Vancouver, Edmonton oder Calgary, modernste technische Spielereien, das Nachtleben, die Shopping-Vielfalt, und am liebsten würde er abends vor seinem Wolkenkratzer ein Lagerfeuer entfachen und zusammen mit Freunden selbst geangelten Lachs grillen. Weil das zwar von allen gewollt, aber trotzdem nicht so gerne gesehen wird, fährt der Westkanadier zumindest am Wochenende in die Natur – es sei denn er lebt sowieso schon in einem Wildnisdorf. Dann dreht sich der Spieß um und er fährt am Wochenende in die Stadt.

Ist es halbwegs möglich, leistet sich der Westkanadier ein hochgradig rustikales Zweithaus, manchmal ohne Strom, oft ohne Wasseranschluss im Nichts. Oder er nutzt das Wildnishaus seiner Eltern oder der Großeltern oder fährt in das des Onkels von Freunden. Irgendwer hat immer ein Blockhaus zur Hand. Dort kann er ein paar Tage lang wieder Trapper sein, im See baden, angeln, mit dem eigenen Kanu vom eigenen Ministrand aus auf Urwaldexkursion gehen und zwischendrin das schicke, geliebte Hochhaus-Appartement vergessen.

Irgendwie hat der Westkanadier es geschafft, fast alles unter einen Hut zu bringen, was ihm wichtig ist. Segeln und Skifahren in derselben Jahreszeit, Grizzlys und Weintrauben im ungefähr selben Lebensraum, Wolkenkratzer-Wohlstand und Lagerfeuerromantik. Wer es so schön hat wie er, akzeptiert sogar den vielen Regen an der Westküste, über den sich Urlauber manchmal wundern, weil er in der Fremdenverkehrswerbung nicht stattfindet und die vielen Bäume sich nicht so anstellen und ruhig auch mal mit wochenlangem Sonnenschein auskommen sollten. Der Westkanadier ist stolz auf seine Landschaft, seine Natur und entsprechend auch auf seinen Regenwald. Sollen andere die Stirn darüber runzeln. Er hat sich an den Regen gewöhnt.

Offenbar dürfen jedes Jahr bei der Wahl der lebenswertesten Stadt der Welt ziemlich viele Westkanadier mit abstimmen, denn regelmäßig ist Vancouver in der Spitzengruppe mit dabei – ebenso wie Seattle, was nicht so schlimm ist, weil die US-Großstadt nicht weit weg ist. Hauptsache spätestens im nächsten Jahr oder bei irgendeiner konkurrierenden Umfrage zum selben Thema liegt Vancouver wieder einen Platz vorne. Nicht auszudenken, wie groß das Entsetzen wäre, belegte plötzlich mal etwas Ostkanadisches einen Rang vor Vancouver.

Zwei große Sorgen treiben den Westkanadier um: dass er zum Chinesen werden müsste, die Zuwanderer aus Asien irgendwann die Mehrheit in Vancouver, irgendwann dann auch in Prince Rupert und später sogar in den Goldgräberkaffs des Nordens stellen könnten und ähnlich wie die abgedrehten Hobby-Franzosen aus Quebec plötzlich ein Referendum zur Loslösung von Kanada, zum Anschluss an China oder zumindest zur Einführung von Mandarin als dritte Amtssprache anstrengen könnten. In so einem Fall würde der durchaus weltoffene Westkanadier, stolz auf Kanada so wie es ist, wahrscheinlich in den Wäldern verschwinden und sich überlegen, wie er den Widerstand organisieren könnte. Sonderlich erfolgreich wäre er damit nicht, denn sähe er einen seiner Gegner, würde er selbst aus dem Hinterhalt als ersten Reflex freundlich »*hi*« rufen und so arg leichtfertig sein Versteck im Grünen verraten …

Die zweite Sorge hat ihn mal schwerer bewegt als jetzt, weil er dem Zirkus der Eitelkeiten inzwischen gleichgültiger gegenübersteht und weil in der Sache ein wenig Ruhe eingekehrt ist: dass sich die Frankokanadier Quebecs wirklich per Referendum abspalten könnten. Für all die Abstimmerei, für all das Gerede um den Schutz des Französischen und die Kultivierung kleiner Unterschiede, hat er längst kein Verständnis mehr. Es macht ihn wütend. »Wir alle sind Kanadier«, sagt er. »Und wenn die das jemals machen sollten, dann wird Westkanada ebenfalls unabhängig oder wir schließen uns den USA an.« Er meint das nicht wirklich so, aber er findet, es sei an der Zeit, das bei aller Geduld endlich mal zu sagen. Und weil ihn Quebec nervt, hat er schon lange aufgegeben, alles in seinem Westen auch auf Französisch auszuschildern.

Vorschrift hin oder her. Die in Quebec halten sich schließlich auch nicht daran und schreiben ihren Kram nur auf Französisch an.

Da ist er plötzlich ganz aus dem Blockhäuschen und klatscht sich auf die Schenkel, wenn im Fernsehen die Comedy der »Royal Canadian Airfarce« läuft, wo die Kanada-Franzosen jedes Mal so richtig hochgenommen werden. Bei jedem zweiten oder dritten Sketch geht er sicherheitshalber mal eben ein Bier holen, zur Toilette oder schnell noch das Bärengitter vor der Terrassentür aufstellen. Weil es dann mit derselben Regelmäßigkeit gegen die Westkanadier geht. Die sind in der Airfarce-Show auf die Rolle der Bauerntölpel aus der Prärie Albertas oder die des schratig-zotteligen und stets nur mäßig gebildeten Hochgebirgscowboys festgelegt. Das findet der Westkanadier ungerecht, verallgemeinert und gewaltig überzeichnet. Bekommt er so einen Sketch aus Versehen mit, kann er auch über sich selbst herzhaft lachen – aber warum sollte er, wenn er im selben Moment ersatzweise schnell ein Bier holen oder eine Flasche Wein aus dem Okanagan Valley kalt stellen könnte …

Unangenehm ist dem Westkanadier meistens speziell im Umgang mit Europäern, dass er glaubt, keine eigene Geschichte, keine jahrhundertealten Bauwerke, keine historischen Städte zu haben. Er fühlt sich in solchen Momenten unterlegen, und damit das möglichst gar nicht erst auffällt, spricht er das Problem meistens selbst an – unbedingt in den ersten fünf Minuten des Kennenlernens. Er verkennt dabei völlig, dass seine Besucher aus Übersee nicht nach Kanada kommen, um dort Ruinen aus der Antike zu suchen, sondern weil sie das Land, die Menschen, die Natur, den Umgang miteinander, die Landschaften lieben und sich wiederum insgeheim im Schatten der Bergriesen und der Mammutbäume klein fühlen. Nie käme den Fremden in den Sinn, dem Westkanadier einen Mangel an historischem Kulturgut vorzuwerfen. Offenbar entsteht dieser Komplex, wenn man in maximal hundertfünfzig Jahre alten Städten aufwächst, und das betagteste Gebäude eine achtzig Jahre alte baufällige Scheune oder anderswo ein zum Museum verwandeltes Miniblockhaus von Trapper Jim ist, der vor einem knappen Jahrhundert als erster überseeischer Entdecker in die Region vorgestoßen ist und dem Indianer in den Jahren danach kistenweise billigen Fusel angedreht hat.

Dabei hätte der Westkanadier so viel Geschichte, würde er sich nicht auf Uropas erstes selbst gekauftes Buch und Omas handgehobelte Kommode aus den dreißiger Jahren berufen, sondern auf den Indianer, der schließlich auch Westkanadier ist und in dessen Lebens- und somit Kulturraum er ja eingetreten ist – damit auch in dessen Geschichte. Statt stolz auf ihn zu sein, hat der Westkanadier mit dem Indianer so sein Problem, weil der erstens ganz anders tickt und er zweitens ein schlechtes Gewissen hat, weil Ururopa dem Indianer das Land weggenommen hat, um es ihm ein paar Jahrzehnte später aus schlechtem Gewissen nachträglich mit Fusel und Glasperlen und rückdatiertem Vertrag abzukaufen.

Irgendwie ist der Indianer dabei dennoch immer der Indianer geblieben und nicht »einer von uns« geworden, obwohl auch er längst nicht mehr im Zelt lebt, keinen halben Adler mehr ins Haar geflochten durch den Wald schleppt, sondern im Karohemd joggt, andauernd Fremde grüßt, beide dieselben Sehnsüchte teilen und am liebsten abends vorm Hochhaus-Appartement am Lagerfeuer hocken und eine der auf Zeigefingerlänge geschrumpften Friedenspfeifen von Phillip Morris miteinander rauchen würden.

Der Indianer ist dem Westkanadier suspekt. Weil der ständig seine indianische Herkunft betont und sagt, dass er sich hier schon seit ein paar Tausend Jahren herumtreibe, um den anderen ein schlechtes Gewissen zu bereiten. Weil der ständig hartnäckig vor irgendwelchen Gerichten um *Land Claim Agreements* klagt und doch fairerweise endlich Ruhe geben sollte, denn schließlich sei alles erstens schon lange her, und zweitens hat der Indianer damals doch einen Berg Glasperlen und den Schnaps für seine Jagdgründe bekommen.

Außerdem, kaum gibt man dem Indianer Geld, wird er kurzerhand arbeitslos und investiert in Fusel – in dieser oder wahlweise in umgekehrter Reihenfolge. Der Inuit, der weiter oben wohnt und so etwas wie der nördliche Vetter des Indianers ist, tickt da nicht anders und bleibt dem Westkanadier ebenfalls ein Rätsel.

Außerdem will der Indianer dauernd anders heißen, und kaum hat man sich artig darauf eingestellt, ihn *politically correct* anzureden, hat er sich etwas Neues überlegt und ist mit der gerade eingeführten anderen Regelung schon wieder aus Schikane unzufrieden. Von Stämmen darf man nicht sprechen, von Indianern sowieso nicht, von Eskimos auch nicht, von Ureinwohnern nicht, obwohl von letzterem schon zwei unterschiedliche englische Begriffe verschlissen sind. Zur Zeit gilt gerade *First Nations*, wenn man von den Indianern spricht. Als Westkanadier fügt man sicherheitshalber noch an, dass man nichts gegen die habe, mütterlicherseits sogar eine *First-Nations*-Freundschaft pflege, und Opa denen schließlich gar nichts weggenommen habe und ihnen schon gar nicht zu nahe gekommen sei.

Immer wieder bereitet es dem Westkanadier Kopfschmerzen, falls er in so gegensätzlichen Bereichen wie Straßenplanung oder Tourismus zu tun hat und dabei Berührungen mit *First Nations* hat – sei es beim Aushandeln von Passierscheinen für Ausflugsbusse durch mit weitgehender Autonomie ausgestattete Reservate, sei es bei der Planung von Straßen durch die Gebiete von Ureinwohnern oder bei ein paar Hundert anderen Problemen. Irgendwie scheint es immer Schwierigkeiten damit zu geben, am Verhandlungstisch denselben Ton zu treffen. Dabei ist der Indianer eigentlich nur der Südeuropäer Kanadas: Er kommt erst morgen zur Verabredung, die eigentlich für heute festgelegt war. Er vergisst zurückzurufen, die Mailbox abzuhören oder auf eine Whatsapp-Nachricht zu reagieren – und darauf, sein vorhandenes Festnetztelefon überhaupt anzuschließen. Kommt der Indianer irgendwann, hat er wahrscheinlich die Hälfte der notwendigen Unterlagen oder des benötigten Werkzeugs vergessen. Alles nicht schlimm – nur ungewohnt für den Westkanadier, der noch nie irgendetwas in Spanien, Italien oder Griechenland regeln musste.

Was der Westkanadier dem Indianer wirklich nachträgt, ist die schlechte Bauqualität seiner flexiblen Behelfsquartiere, mit denen er jahrhundertelang hinter dem Bison her durch die Prärie zog. Hätte der Indianer nur stabiler gebaut, an Ort und Stelle und für die Ewigkeit. Dann gäbe es diese Geschichte umso mehr, etwas Greifbares, worauf man praktischerweise fortan gemeinsam stolz sein könnte, statt sich ständig für die eigene Kulturlosigkeit entschuldigen zu müssen. Gegenseitig schwierig finden könnte man sich ja trotzdem gerne weiterhin.

Was der Westkanadier übrigens sehr liebt, ist Feuerwerk. Warum weiß keiner so genau. Dem Einwanderer wie dem Indianer gefällt es gleichermaßen, und praktischerweise kann er nicht nur in der Silvesternacht so ein Spektakel inszenieren, sondern auch in idealer zeitlicher Verteilung innerhalb des Kalenders am 1. Juli, dem Nationalfeiertag Canada Day. Unpraktisch nur, dass es im Norden um diese Jahreszeit gar nicht dunkel wird. Dumm, dass die kanadische Regierung im viel weiter östlich gelegenen Ottawa einer Stadt wie Yellowknife in den Northwest Territories dafür ein hübsches Feuerwerk stiftet. Es knallt dann ganz stimmungsvoll, aber zu sehen ist nichts. In Yellowknife scheint Anfang Juli die Mitternachtssonne, und das ganze

Zeug in einem abgedunkelten Raum anzuzünden, hat sich der Westkanadier bisher nicht getraut. Lieber schüttelt er den Kopf über die da drüben in Ottawa, da unten im Süden, und bewahrt alles bis Silvester auf, um dann doch gemeinsam mit dem Indianer so richtig zu feiern – falls der gerade korrekt angeredet wurde und nicht um drei Minuten vor zwölf die *Land-Claim*-Frage neu aufwirft …

Erste Hilfe für die Adler

Hausbesuch bei Seeadler-Doktorin Rory Paterson auf Vancouver Island. Eine Erinnerung

Hauptberuflich klebt sie Pflaster und legt Verbände. Nebenberuflich streicht sie Federn zur Seite, klebt Pflaster und legt Verbände. Aurora »Rory« Paterson ist die Krankenschwester von Tofino auf Vancouver Island – und sie ist freiwillige Vogeldoktorin an der Westküste, die »Adlermutter« der Insel. Sie teilt ihr kleines Holzhaus mit zwei Golden Retrievern und einer wechselnden Zahl Weißkopfseeadler. Die Hunde bleiben, die Greifvögel sind nur Gäste auf Zeit und ziehen in die Volieren an der Rückseite ein, bis sie gesund gepflegt sind und wieder ausgewildert werden können. Manche kommen zurück, obwohl sie genesen sind. Plötzlich drehen sie am Nachmittag ein, zwei Schleifen über dem Haus Main Street 211, als wollten sie nochmal Hallo sagen. Oder Danke. Sie schauen dabei vom Himmel auf die Frau herab, die sie gerettet hat. Und diesmal hat Herabschauen nichts mit Hierarchie zu tun. Könnten es die Vögel am Himmel tun oder könnte Rory fliegen: Wahrscheinlich würden die Adler zu ihr aufschauen.

Weniger als fünfzehnhundert Einwohner hat Tofino – ein Ort am Urwaldrand, geradeaus der oft sturmgepeitschte Pazifik, Strände mit Bergen aus Treibholz, im Hinterland dichter Regenwald mit bis zu achthundert Jahre alten und teilweise über achtzig Meter hohen Douglastannen. Es ist ein weiter Weg dorthin, einer durch sehr viel Natur.

Seit mehr Menschen dort leben wollen, dauerhaft oder nur einen Urlaub lang, wird auch am Rande der Welt mehr Elektrizität gebraucht. Der Strom fließt durch neue Überlandleitungen, und in immer mehr Kabeln am Himmel entlang der Landstraße verfangen sich immer öfter Adler. Es hat ihnen keiner gesagt, dass nun Hindernisse in ihrer Flugbahn hängen.

Mit Engelsgeduld pflegt Aurora Paterson »ihre« Vögel gesund und füttert manche – je nach Nahrungsvorlieben – sogar mit frischen Shrimps. Zwischen hundertzwanzig und hundertfünfzig Tiere werden im Jahr als Patienten bei ihr eingeliefert – die meisten während der Migration von Ende April bis Mitte Mai, viele als Opfer jener Überlandleitungen.

Im Schnitt sind jedes Jahr fünfzehn bis zwanzig Weißkopfseeadler unter den Patienten – verwundete, wehr- und kraftlose Riesen, die jemand am Straßenrand oder zwischen den Treibholzbergen am Strand entdeckt, aufgelesen, auf die Ladefläche eines Pick-ups gepackt und zu Rory gefahren hat: Adler mit einem Pfeil durch den Flügel. Mit Schussverletzungen. Mit einem abgetrennten Fuß. Mit gebrochener Schwinge. Es gibt kaum eine Vogelverletzung, die Rory nicht bereits behandelt hat. Und es gibt kaum etwas, was dumme Menschen mit Waffen in den Händen den Adlern nicht bereits angetan hätten. »Mindestens einmal im Jahr«, erzählt die Vogelmutter mit den wachen, aufmerksamen Augen, »bekomme ich einen Adler, der vom Himmel heruntergeschossen wurde, obwohl die Tiere unter strengem Schutz stehen.«

Viel öfter bekommt sie sie in Netze verstrickt eingeliefert. Dahinter steckt keine böse Absicht, sondern Pech, wenn es Raubvogel und Fischtrawler auf dieselbe Beute abgesehen haben, der Adler bei seiner Jagd senkrecht vom Himmel in den Ozean niederfährt, dabei die Geschwindigkeit eines Fischerbootes oder, natürlich, den Effekt eines Schleppnetzes verkennt und sich hoffnungslos in den Maschen verfängt. Rory schneidet die teils verängstigten, teils angriffslustigen Vögel aus dem Geflecht heraus, behandelt ihre Wunden und entlässt sie im Idealfall nach durchschnittlich drei bis vier Wochen wieder in die Freiheit.

Die Herren des Himmels an der Westküste werden bis zu fünfunddreißig Jahre alt, besonders stattliche Exemplare bis zu sieben Kilo schwer – bei einer Flügelspannweite von bis zu zwei Meter vierzig. Jungtiere sind in den ersten drei Lebensjahren dunkelbraun, und erst vom fünften Lebensjahr an hat das Gefieder des Weißkopfseeadlers seine typische Färbung, hat der Vogel seinen machtvollen Ausdruck, der ihn zum Wappentier der USA hat werden lassen.

Immer öfter sind unter den Vögeln, die zu Rory gebracht werden, inzwischen Eulen, die im nächtlichen Tiefflug von Scheinwerfern irritiert und schließlich von Autos gerammt wurden. Früher geschah so etwas selten: weil es wenige Autos in

Tofino gab. Und weil es selten einen Grund gab, bei Dunkelheit herumzukutschieren. Heute gibt es Hotels, Restaurants und viele Motive, auch abends noch ein paar Meter zu fahren, wenn der Luftraum knapp über dem Asphalt, über den paar Schneisen im Wald, eigentlich den Eulen gehörte.

Rorys Sympathie für diese nachtaktiven Jäger geht inzwischen so weit, dass sie über dem Sofa im kleinen Wohnzimmer ihres Hauses ein Gemälde aufgehängt hat, das eine Schleiereule zeigt. Der Platz an der Wand gegenüber gehört dem indianischen Gemälde eines Weißkopfseeadlers, hinter dessen Kopf ein gemalter Vollmond leuchtet.

Geld bekommt Aurora Paterson für ihre Tätigkeit nicht. Sie macht sie einfach, und wenn sie trotz diverser veterinärmedizinischer Fernkurse mal Hilfe braucht, schaltet sie einen auf Adler spezialisierten Tierarzt im mehrere Autostunden entfernten Nanaimo ein. Der nagelt sogar Brüche bei Greifvögeln – mit demselben Verfahren wie beim Menschen.

»Ich habe in Kanada immer an entlegenen Orten gewohnt, wo es schwer war, Hilfe zu finden und wo es keine Tierärzte gab. Ich habe gelernt, selbst zu helfen – mir und anderen«, sagt sie. Aurora Paterson stammt ursprünglich aus Schottland. »Ich bin hergezogen, weil ich wieder im Grünen leben wollte – nachdem ich mehrere Jahre in Churchill an der Hudson Bay im Norden von Manitoba gewohnt hatte und es dort zwei Drittel des Jahres weiß war. Und ich bin gekommen, weil es hier aussieht wie in der Gegend von Inverness.«

Manchmal fällt es Rory schwer, einem Patienten Adieu zu sagen. Sie gibt ihnen die Namen von Sternen. »Damit ich sie nachts am Himmel wiederfinde.« Als sie Antares wieder in die Freiheit entlassen hat, war das kein leichtes Unterfangen. Der ausgewachsene Weißkopfseeadler ist mehrfach zum Pick-up an den Strand zurückgekehrt, ehe er endlich den Mut gefasst hat, Richtung Clayoquot Sound, Richtung Wildnis davonzuschweben.

Einmal landete einer der Adler wieder auf ihrem Arm. Er krallte sich fest als wollte er Beute umbringen, und je mehr Rory versuchte, sich aus den Fängen zu befreien, desto fester griff das verunsicherte Tier zu. Schmerzhafte zwanzig Minuten hat das gedauert. Sie verzeiht so etwas sofort – und klebt Pflaster oder legt einen Verband.

Zu Beginn der siebziger Jahre gab es in Kontinental-USA nur noch rund vierhundertfünfzig Brutpaare des Weißkopfseeadlers. Die Zahlen für Kanada dürften ein wenig darüber gelegen haben. Inzwischen hat sich die Population erholt. Neuere Zahlen liegen für Alaska vor, wo es bereits Mitte der neunziger wieder vierzigtausend Brutpaare gab, nachdem die Jagd auf den US-Wappenvogel endlich unterbunden wurde. Der Weißkopfseeadler ist auf einem guten Weg.

»Das Wichtigste in diesem Vogeljob ist, nie mit Babyadlern zu sprechen, sie nie zärtlich zu streicheln.« Sie schaut plötzlich ernst und bekommt selbst diesen Greifvogelblick. »Du würdest sie in dem Alter leicht auf den Menschen prägen, und sie würden später nicht mehr in der Wildnis zurechtkommen.« Zu den Patienten lässt Rory keinen ihrer Besucher – aus demselben Grund: »Je weniger Kontakt zu Menschen – desto besser für diese Tiere.«

Mit einem Vogel spricht sie morgens nach dem Aufstehen trotzdem, abends vor dem Schlafengehen und wann immer er sich zwischendurch meldet oder sie gerade an seinem Platz vorbeikommt: mit Papagei Tattoo, der schon in Churchill mit dabei war.

Einen Ex-Patienten wird Aurora Paterson trotz aller Vorsicht nicht mehr los. Er gehört inzwischen zur Familie und kommt oft in der Main Street 211 vorbei, um auf seine Weise Hallo zu sagen. Es ist eine Krähenwaise, die Rory als Vogelfindelkind aufgezogen hat. »Ich erkenne sie an der Stimme, an ihrem Ruf. Manchmal holt sie mich von der Arbeit ab, sitzt auf dem Dach gegenüber vom Krankenhaus, begrüßt mich und begleitet mich bis nach Hause. Sie hüpft auf den Firsten nebenher wie auf einem Spaziergang. Und irgendwann ist sie verschwunden, um am nächsten Nachmittag pünktlich zum Feierabend wieder zu erscheinen.«

Rory Paterson ist mit dreiundsechzig Jahren im Krankenhaus von Tofino an Krebs gestorben. Es ist nicht gelungen, sie gesund zu pflegen. Manchmal ist das Leben ungerecht. Darf man von ihr trotzdem im Präsens erzählen, als lebte sie noch? Unbedingt. Weil sie jemand war, der enormen Eindruck hinterlässt – und so jemand nicht einfach weg sein kann. So jemand bleibt – wenigstens in den Erinnerungen. Um die verletzten Wildtiere kümmern sich inzwischen Park Ranger und Ehrenamtliche in Tofino.

Zwei Millionen für Ogopogo

Von Nixen, Waldmenschen und Seeungeheuern: Auf Monstersuche in Westkanada

Das lange blonde Haar weht im Wind, die schuppige Haut glänzt silbrig. Die Schwanzflosse der merkwürdigen Maid planscht im seichten Wasser und schlägt es schaumig. Das Wesen – halb Mensch, halb Fisch – relaxt in der warmen Abendsonne an der Küste Westkanadas und kaut auf einem Lachs, als wäre er ein Partyhäppchen. Zwei Dutzend Zeugen können nicht irren: Was die Passagiere der Abendfähre von Nanaimo auf Vancouver Island hinüber aufs Festland gerade auf einem Felsen bei Active Pass hocken sehen, muss eine Meerjungfrau sein.

Dieselbe Beobachtung macht der Pilot eines Wasserflugzeugs, der zeitgleich über den Küstenstreifen hinwegzieht und in den Tiefflug übergegangen ist. Er schießt aus der Luft ein Foto der Meerjungfrau, das am folgenden Tag in der Zeitung *Times Colonist* in Victoria erscheinen wird. Das war im Sommer 1967. Seitdem wiederholen sich ähnliche Meldungen, ohne dass diese Meerjungfrau oder eine Artgenossin je von irgendeinem noch so schrägen Sender als Talkshow-Gast rekrutiert oder von Paparazzi beim Flirt überrascht werden konnte … Wo es Natur im Überfluss gibt, ist viel Platz für Legenden aus der Wildnis.

Kanada ist ein Land, dessen Straßen nordwärts im Wald enden, dessen Berge und Seen oft noch keine Namen haben. Ein Land, dessen Häfen manchmal Hunderte Kilometer weit auseinanderliegen – dazwischen nichts als wildes Nichts, wo mancherorts noch nie ein Mensch die Wälder durchstreift und die Berge bezwungen hat. Wo noch nie jemand die Klippen entlanggeklettert ist. Kanada als letztes Zufluchtsgebiet von Fabelwesen und Monstern, von Seeungeheuern und behaarten Waldmenschen?

»*Why not*?«, fragt Lutz Klaar, der seit einer Ewigkeit außerhalb der Kleinstadt Prince George im Norden der Westküstenprovinz British Columbia in seinem selbst gebauten Holzhaus wohnt und zwei Zimmer an Durchreisende vermietet. Wer hier draußen lebt, wiegelt nicht ab, wenn es um Dinge geht, die nicht in den Schulbüchern stehen. Etwa darum, die Möglichkeit des Unmöglichen einzuschätzen. Niemandem ist es peinlich, über den Waldmenschen Sasquatch zu fabulieren, der als nordamerikanisches Pendant zum populäreren Yeti in den dichten Wäldern der Rocky und der Coastal Mountains wohnen soll.

Lutz Klaar ist ihm vor einigen Jahren fast begegnet: »Ich wollte zum Angeln an einen abgelegenen *creek*, kämpfte mich auf einem schmalen Pfad durch den Wald, bin bei Niedrigwasser im Flussbett unterwegs gewesen, um an meine Lieblingsangelstelle zu gelangen. Mir fuhr der Schreck in die Glieder, als ich vor riesigen Fußspuren stand – in der Form wie die eines Menschen. Nur war die Sohle mindestens vierzig Zentimeter lang und zwölf breit.

Die Zehen waren gewaltige Knubbel, die sich im weichen, feuchten Flusssand klar abzeichneten.«

Lutz Klaar holt geräuschvoll Atem, als würde ihn die Entdeckung heute noch aufregen. »Mein erster Gedanke war: In nächster Nähe wartet Sasquatch auf dich. Ich bin umgekehrt und habe mir später eine Standarderklärung zurechtgebastelt. Wahrscheinlich war dort kurz vor mir ein Mensch barfuß unterwegs. Und weil der Sand so weich und feucht war, breitete sich der Abdruck über das Originalmaß hinaus aus. Alles ganz normal.« Er lächelt, als könne er nicht ganz an die eigene Erklärung glauben und hangelt erstmal übers Frühstücksrührei hinweg nach seiner Teetasse.

Der Mann ist kein Typ, der sich mit wilden Geschichten interessant macht – keiner, der es darauf anlegt, dass ihm Fremde an den Lippen hängen. Er spricht erst von Sasquatch, wenn er dem Gegenüber vertraut. Und der andere das Thema anschneidet.

Kein anderes vermeintliches Monster ist so sehr Bestandteil der Folklore geworden und keines wird so oft mit unterstellter Trunkenheit der Zufallsbeobachter eilig vom Tisch gewischt. Keines vereint vor allem in Westkanada so viele Sichtungsberichte auf sich wie Sasquatch, ein Name, der auf das indianische Wort *sasqits* zurückgeht, was so viel wie »haariger Mensch« bedeutet. Mehrere Hundert Sichtungen binnen der letzten fünfundzwanzig Jahre allein in British Columbia sind aktenkundig und akribisch dokumentiert.

Demnach soll das Sasquatch-Wesen mit durchschnittlich zwei Meter dreißig deutlich größer als ein auf den Hinterbeinen stehender Schwarzbär sein, sich ausschließlich aufrecht fortbewegen, in der Form einem Menschen von kräftiger Statur entsprechen, über und über schwarz oder braun behaart sein und keine aus dem Pelz herausragenden sichtbaren Ohren haben. Wenn Beobachter Vergleiche anstellen sollen, fällt ihnen stets zuerst ein Gorilla ein. Aus der Tiefe der untersuchten Fußspuren folgern Biologen ein Gewicht zwischen zweihundertfünfundzwanzig und dreihundertfünfundsechzig Kilo. In den USA, wo vor allem Sichtungsberichte aus den nordwestlichen Bundesstaaten Oregon und Washington gemeldet werden, heißt der folkloristische Fellgeselle Bigfoot.

Den Tourismusstrategen vor allem British Columbias sind die immer wiederkehrenden Schlagzeilen nur recht. Das hält die Region im Gespräch, lockt Neugierige an, spült Geld in die Kassen von Wohnmobilvermietern und Hoteliers, beschert Restaurants Gäste, sorgt für Passagiere bei den Rundflug-Anbietern und kurbelt obendrein den Souvenirverkauf an. Ob Meerjungfrauen, Seeschlangen oder Sasquatches ist dabei egal: Hauptsache Monster. Je mehr, desto besser. Und wenn nicht einmal mit Werbegeldern nachgeholfen werden muss: umso schöner.

Wer sich in wissenschaftlichem Ernst mit dem Thema befasst, muss Spott fürchten. Am Biologen Dr. John Bindernagel prallt so etwas ab. Er forscht seit vierzig Jahren auf den Spuren des Sasquatch, ist inzwischen von dessen Existenz überzeugt und kann leicht über das süffisante Grinsen mancher

Zunftkollegen hinwegsehen: »Ich bin völlig sicher, dass Zoologen den Sasquatch als Art bald anerkennen werden. Ihre Nachforschungen werden ergeben, dass sein Hauptverbreitungsgebiet die Wälder nahe der fischreichen Küste von British Columbia sind. Bis der unabstreitbare Beweis vorliegt«, gesteht er ein, »werden Zweifel vorherrschen und Zeugen«, darunter immer wieder Outdoor-Urlauber, »aus Angst vor Spott weiter zögern, von ihren Sichtungen offen zu berichten.« Bindernagels Kollege Fred Bunnell von der University of British Columbia will bereits einen Sasquatch-Bau aufgestöbert haben: »Eine Art Nest aus zerbrochenen Zweigen, über das ein Dach aus größeren Ästen gebaut wurde.«

Warum, fragen Skeptiker, gibt es nicht viel mehr Sichtungsberichte, warum kein unzweifelhaftes Foto oder gar eine Videosequenz mitten im Handy-Zeitalter, warum keine Knochen eines toten Sasquatch? Warum gerät keiner unter die Reifen eines Holzlasters auf den Wirtschaftsstraßen durch die Wälder Nordkanadas, warum gab es noch nie einen aktenkundigen Wildunfall, bei dem ein mit Fotoapparat ausstaffiertes Wohnmobil mit einem Affenmenschen kollidierte? Fürsprecher haben drei Antworten: Weil er selten ist. Weil er scheu ist. Weil es in Nordwestkanada kaum Menschen und nur sehr wenige und obendrein kaum befahrene Straßen gibt.

Sasquatches scheinen Einzelgänger zu sein. Nur in sehr wenigen Fällen wurden sie zu zweit oder dritt beobachtet. Darüber hinaus sind sie offenbar alles andere als reinlich. Angeblich umweht die affenartigen Tiere der Geruch verdorbener Eier.

Wenn Menschen sich nähern, suchen die Waldwesen meist frühzeitig das Weite. Und, da sie im Wald zu Hause sind, bekommen sie in ihrem vertrauten Habitat Menschen mit, lange bevor die im Gegenzug die Sinne genug geschärft haben, um einen Sasquatch wahrzunehmen.

John Bindernagel kennt nur sehr wenige gegenteilige Fälle wie den der Urlauberin Mary Strussi, die vor ein paar Jahren am Ufer des Cruickshand River auf Vancouver Island zeltete und von einem im Dunkeln herumtobenden und brüllenden Menschenaffen verjagt wurde. Sie flüchtete in ihren abseits geparkten Pick-up, gab Vollgas und nahm den Fuß erst im nächsten Ort wieder vom Pedal.

Lutz Klaar geht inzwischen an einem anderen *creek* angeln. Riesenfußspuren, und seien sie noch so gut zu erklären, hat er nie wieder gesehen. Nicht in den Sandbänken am Flussufer, nicht im feuchten Waldboden. Und eigentlich ist er ganz froh darüber.

Für die indianischen Ureinwohner der Region sind die Sasquatches seit jeher fester Bestandteil der Mythologie. Ihre Existenz ist so zweifelsfrei akzeptiert wie die von Schwarzbären und Kaninchen, von Regen und Sonnenschein. Die Indianer der Westküstenregion nennen die weibliche Form des Waldmenschen *tsonqua*, das Männchen *bukwuss*.

Und auch Meerjungfrauen sind den Ureinwohnern nichts Fremdes. Bereits die Mythologie der Carrier-Indianer erzählt von freundlichen Wassernymphen, die *tesaka* genannt werden. Sie leben tief unten im François Lake bei Fort Fraser. Die schönste von ihnen wurde eines Tages Braut eines Indianerjungen, der sie zufällig beim Sonnenbad auf einem Felsen überraschte und seither mit ihr auf dem Grund des Sees wohnt. Und wenn sie nicht gestorben sind, leben sie dort vielleicht noch heute …

Die Legenden der Indianer wissen obendrein von mehreren Seeungeheuern, die sich bis in die jüngste Zeit hinein verschiedenenorts in British Columbia getummelt haben sollen. Prominentester Vertreter der Gattung der kanadischen Seemonster ist Ogopogo, das unter dem indianischen Namen N'ha-a-itk seit Jahrhunderten Stammgast in ihren Überlieferungen ist. Es soll als nordamerikanisches Gegenstück zum schottischen Seeungeheuer Nessie im Lake Okanagan zweihundertfünfzig Kilometer östlich von Vancouver leben.

Vor einigen Jahren erst ist wieder eine Ogopogo-Jagd mit reichlich Fernsehbeteiligung angezettelt worden: Die Handelskammer der Dreißigtausend-Einwohner-Stadt Penticton am Seeufer hatte gemeinsam mit dem örtlichen Rotary Club eine Prämie von zwei Millionen Dollar für denjenigen ausgelobt, der die Existenz von Ogopogo zweifelsfrei bewies. Dabei mussten drei Hauptkriterien erfüllt sein, um die Summe kassieren zu können: Was immer aufgestöbert würde, musste sich als mindestens sieben Meter lang erweisen und einer bislang unbekannten oder seit mindestens einer Million Jahren nicht mehr beobachteten Gattung angehören. Das Seeungeheuer durfte nicht getötet oder gefangen genommen werden.

Teilnahmeberechtigt war jeder selbst ernannte Seeungeheuer-Fahnder, der mindestens neunzehn Jahre alt war. Minderjährige durften sich nur unter elterlicher Überwachung auf die Jagd begeben. Garantiert wurde die üppige Monsterpirschprämie von der Versicherung Lloyd's of London. Gezahlt werden musste nicht. Das Seeungeheuer blieb bis Fristablauf im Verborgenen – und darüber hinaus bis zum heutigen Tag.

Die ältesten dokumentierten Ogopogo-Sichtungen weißer Siedler reichen zurück ins Jahr 1872. Gemein haben fast alle Berichte, dass das schlangenhafte Tier rund zwanzig Meter lang und sein Körper in höckerartigen Bögen gewölbt sein soll. Einzelne Beobachter unterstellen dem als harmlos beschriebenen Liebling aller Seeanwohner zwei Köpfe.

Fündig werden Urlauber auf Ogopogo-Fahndung bislang vor allem in den Regalen der Souvenirshops in den Gemeinden am Seeufer. Verkaufsschlager dort sind elf Zentimeter hohe Dosen mit siebeneinhalb Zentimeter Durchmesser. Darin enthalten: ein treudoof blickender Plüschsaurier, der sich langsam entfaltet, wenn der Metalldeckel mit einem Dosenöffner entfernt wird.

Dieselben Dosen werden auch in Victoria auf Vancouver Island verkauft – wenn auch mit anderem Etikett: »Caddy« heißt, was dort in Blech verschweißt über die Ladentische geht. Denn in der Cadboro Bay bei Victoria soll sich ein Verwandter von Ogopogo tummeln – beobachtet erstmals 1933. Offiziell wurde diese Wasserschlange mit ihrem ebenfalls höckerartigen Körper und dem pferdeähnlichen Kopf Cadborosaurus getauft. Sie zeigt sich seltener als Ogopogo. Caddy reckt meistens nur kurz den Kopf aus dem Wasser der Bucht – und auch das nur in der Dämmerung und während der Monate von Oktober bis April. Im Schnitt zwei Sichtungsberichte finden jedes Jahr den Weg bis in die Lokalzeitung, die vor gut fünfundachtzig Jahren einen Leserwettbewerb zur Namensfindung des Ungeheuers ausgeschrieben hat – dasselbe Blatt übrigens, das vierunddreißig Jahre später, 1967, als Geburtshelfer der blonden Hochsee-Maid an der Fährroute fungieren sollte.

Kreuzfahrt hinter den Horizont

Wo die Wale tanzen und die Bären wohnen: Durch die Inside Passage von Vancouver in den Norden

Vor der Kulisse der Küstenberge British Columbias wirkt selbst ein Kreuzfahrtsschiff wie ein Spielzeugboot, wie ein Gulliver-Kutter, der sich in eine Welt der Riesen verirrt hat: Kurs auf das Land hinter dem Horizont, unterwegs Richtung Wildnis – auf Tour durch die Inside Passage Richtung Norden, immer tiefer hinein in die dünn besiedelten Regionen am Rande des Kontinents. Dorthin, wo mehr Bären als Menschen leben. Dorthin, wo der Westen noch immer wild ist.

Links und rechts des Schiffes türmen sich in nächster Nähe dicht bewaldete Berge auf, wechseln Inseln mit Festland, kleine Strände mit den schroffen Felsküsten tiefer Fjordlandschaften. Wege führen nicht hinein in diese Wildnis. Ab und zu nur steht eine Blockhütte am Ufer, ab und zu nur tuckert ein Fischtrawler mit Netzauslegern vor der Küstenlinie entlang. Von Zeit zu Zeit zieht ein Wasserflugzeug in der Ferne seine Bahnen am Himmel, öfter aber sind es Weißkopfseeadler. So als würden sie Grüße aus der Wildnis überbringen, aus dem Land hinter dem Horizont.

Vorhang auf für Mutter Natur: Auf Kommando öffnen sämtliche Kellner zeitgleich alle Gardinen der Panoramafenster im eben noch abgedunkelten Bordrestaurant des Kreuzfahrtschiffes – so als würde draußen vor den Fenstern jeden Moment eine Broadway-Show beginnen. Spektakuläre Küste ist ins Blickfeld gerückt. Grandiose Gebirgszüge türmen sich als Schattenrisse am Horizont in der Dämmerung auf. Es ist halb zehn Uhr abends – Sommer im Nordwesten, lange Tage und kurze Nächte so hoch oben auf der Erdkugel. Einzelne Nebelschleier kleben am Horizont zwischen den Gebirgszügen und senken sich auf die Kämme herab. Dahinter glüht der Abendhimmel. Und im Vordergrund schnellt wie aufs Stichwort ein tonnenschwerer Buckelwal aus dem nur ein paar Grad kalten Wasser des Nordpazifik und geht mit Bauchplatscher wieder baden: Ahs und Ohs im Speisesaal, spontaner Applaus an den festlich gedeckten Tischen. Niemand konzentriert sich mehr auf den Hummersalat mit Wasserkresse vor der Nase, auf das T-Bone-Steak mit Trüffelsahne und Kroketten oder den kühlen australischen Chardonnay im Glas.

Alle Augen richten sich aufs Meer: Freudenschreie, wenn wieder jemand gerade einen Wal hat springen oder eine Flosse aus dem Wasser ragen sehen! Gänsehautgefühl stellt sich ein, wenn man einen Buckelwal nur ein paar Dutzend Meter entfernt an Steuerbord tanzen und seinen muschelbedeckten Riesenleib zurück ins Meer krachen sieht.

Hauptdarsteller und größte Attraktion zugleich ist die Natur. In dieser Gegend ist das so. Zu Wasser. Zu Land. In der Luft. In der Inside Passage ist diese Loge mit bestem Blick ein Kreuzfahrtschiff auf dem Weg vom kanadischen Basishafen Vancouver aus hinauf nach Seward bei Anchorage in Alaska – oder in Gegenrichtung.

Auch Jack Fried, Besitzer eines Ausflugsbootes in Prince Rupert, weiß, dass er mit dem Pfund Natur hier wirklich wuchern kann, wenn er mit seinen Gästen auf Ausflugstour in die schmalen Fjorde und Flussarme startet: »Wer während unseres Zwei-Stunden-Abstechers keinen Seeotter oder Wal sieht, bekommt von mir am Ende des Trips vierzig Dollar«, hatte er am Nachmittag beim Start der Tour geschworen. Jack hat noch nie zahlen müssen und macht sein Wal-Versprechen schon seit mittlerweile mehr als einem halben Jahrzehnt – in der Saison zweimal täglich.

Längst haben die großen Kreuzfahrtreedereien Westkanada und Alaska als lukratives Fahrtgebiet für die Monate von Mai bis September entdeckt. Seither nehmen ihre Luxusschiffe mit Platz für manchmal über zweitausend Passagiere vom futuristischen Canada Place Pier in Vancouver aus Kurs auf Goldgräber-Westernstädte wie Skagway in Alaska, auf Orte jenseits der belebten Welt, wie Sitka und Ketchikan, auf unberührte Gletscher und geheimnisvolle Fjorde.

Viele der wenigen Siedlungen dieses nördlichsten und zugleich westlichsten aller US-Bundesstaaten sind ebenso wie manche abgelegene Küstensiedlung British Columbias noch heute nur aus der Luft oder von See aus erreichbar – Orte am Ende der Welt inmitten der unberührten Wälder. Selbst Alaskas Hauptstadt Juneau hat keinen Straßenanschluss zu irgendeiner anderen nennenswerten Stadt. Hat man nicht gerade ein Wasserflugzeug zur Verfügung, dann ist eine Kreuzfahrt die einzige Möglichkeit, diese Gegend zu erkunden. Und während in den Alpen jeder Wanderweg einen eigenen Namen hat, ist entlang der Inside Passage längst nicht jeder Berg und jeder Hügel benannt. Natur ist im Übermaß vorhanden. Aus Verlegenheit hat man einen der Gletscher sogar schlicht auf den wenig einfallsreichen Namen No Name Glacier getauft.

Einst grenzte das Reich des Zaren an Kanada. Bis 1867 wurde Alaska noch von St. Petersburg aus regiert. Die Spuren der russischen Architektur sind vielerorts bis heute nicht zu übersehen. Selbst in den Souvenirshops in Juneau und Ketchikan werden ineinander geschachtelte Matrjoschka-Puppen wie in Russland verkauft, deren äußerste Figur die Gesichtszüge Wladimir Putins trägt. Wer sie aufschraubt, findet darin einen kleineren Holz-Jelzin, in dessen Innerem wiederum einen Mini-Gorbatschow. Wem das nicht genügt, der bekommt alternativ für ein paar Dollar Pudelmützen mit Plüsch-Elchschaufeln daran.

Während viele Passagiere auch abends noch an Deck stehen und mit Feldstechern den Flug der Adler verfolgen, haut Jazzpianist Craig Dahn aus Kansas bereits im Glitzeranzug unter Kronleuchterdeko in der Lounge ein paar Treppen tiefer in die Tasten – anfangs noch vor nur halbvollem Saal. Die hinteren Reihen füllen sich erst, nachdem es draußen völlig dunkel geworden ist. Broadway-Sänger und Tänzer erobern die Bühne, schmettern

»Welcome to America« frei nach Neil Diamond in den Saal und ernten von den überwiegend US-amerikanischen Passagieren rauschenden Applaus dafür. Jeden Abend steigen Shows an Bord – Eintritt immer frei.

Ein paar Schritte weiter hebeln zur selben Zeit Glücksritter an den Spielautomaten des bordeigenen Casinos herum, während andere sich beim Roulette den großen Gewinn erhoffen. Und in der Bar tauschen sich andere Urlauber entspannt über die Erlebnisse des Tages aus.

Wer während der Hafenliegezeit auf Angelausflug gegangen ist und Lachs gefischt hat, konnte ihn anschließend mit an Bord bringen, von der über fünfzigköpfigen Küchenbrigade zubereiten und zum Abendessen servieren lassen – kurz bevor sich die Vorhänge zum *whale watching* geöffnet haben.

Auch wenn es draußen auf See nur fünfzehn Grad warm ist, lässt die Cocktailkarte in den Bordbars tropische Stimmung aufkommen: Piña Colada für ein paar Dollar, dazu zahllose Rum-Mixgetränke, außerdem ein bekannter Cocktail mit irritierendem Namen. Wer noch nicht in die Karte geschaut hat, wundert sich, wenn die ergraute Passagierin zum Kellner »Ich hätte gerne ›Sex on the Beach‹« sagt, und der ungerührt »Sehr gerne, einen Moment« antwortet und davoneilt. Amerikaner lieben solche Szenen.

Ein kühler Nachmittag in der Glacier Bay weiter nördlich, die bereits zu Alaska gehört, während Kanada nur ein paar Kilometer Luftlinie entfernt im Hinterland beginnt: Als ob die Passagiere zum

Zählappell antreten wollten, steht jeder an Deck, um nichts zu verpassen. Wie auf Bestellung durchbrechen Sonnenstrahlen die Wolkendecke über dem Hubbard-Gletscher. Der Kapitän hat sein Riesenschiff bis auf weniger als dreihundert Meter an die gewaltigen Eismassen heranmanövriert, die sich langsam und gleichzeitig mit gewaltiger Kraft dem Fjord entgegenschleppen. Krachend kalbt der Gletscher, lässt Brocken von der Größe eines Einfamilienhauses herunterbrechen und schickt sie als türkisblau schillernde Eisblöcke aufs offene Meer hinaus.

Jeder davon wird ein paar Hundert Mal fotografiert, wenn er langsam am Rumpf des schwimmenden Stahlkolosses vorbeizieht. Unter lautem Getöse schleppt sich der Gletscher dem Fjord entgegen. Wieder steht das Deck voll, wieder gibt es diese Ahs und Ohs, die bisher den Walen vorbehalten waren. Zwischendurch wird per Strohhalm heißer Kaffee aus einem Thermobecher gesogen – herbeigeschleppt von Kellnern mit Weste, Fliege und vollendeten Manieren. Sie spielen Großstadt am Rande der Wildnis, bieten Luxus, den in dieser Gegend nur ein schwimmendes Hotel zu bieten vermag. Und wo kein Schiff festmachen kann, keines mehr hingelangt, dort ist der Norden des Kontinents immer noch rustikal, sind die Hotels einfach, die Typen angenehm verschroben, Blockhäuser weit zahlreicher als Bauten aus Stein oder Beton. Dort müssen sich diejenigen Kreuzfahrtpassagiere umstellen, die nach dem Luxusprogramm an Bord eine Verlängerung in der Wildnis gebucht haben.

»Beware – This is Grizzly Country« warnen dort Schilder, wo Wirtschaftswege ins Dickicht beginnen. Sie stellen klar, wer hier vor allem lebt und das Sagen hat: immer der Bär – es sei denn ein Beamter der US-Grenzpolizei ist in der Nähe. Er würde auch vom Grizzly vorm Übertritt ins Nachbarland einen Pass verlangen. Mindestens. Der Trend geht zum elektronisch erfassten Tastenabdruck und zur Erhebung biometrischer Daten ab Eichhörnchengröße. Die Kanadier sind da entspannter. Noch wird bei wilden Tieren nicht zwischen legaler und illegaler Einreise unterschieden. »Die haben ein lebenslanges Visum für beliebig viele Grenzübertritte«, lacht Ranger Scott Forrester aus dem kanadischen Kluane National Park an der Grenze zu Alaska. »Außer sie greifen jemanden an. Dann werden sie verhaftet, an die Amerikaner überstellt und nach Guantanamo Bay auf Kuba geschafft.« Er grinst.

Der Refrain ist mehr als zwanzigstimmig und voller Schwung: erst bei Pfadfinderliedern, später bei »This land is your land, this land is my land«. Der Chor der Wohnmobilurlauber diesen Abend bei Haines Junction im Kluane-Park kann sich hören lassen. Auf einen Schlag erstummen sämtliche Vögel, die eben noch mitgezwitschert haben. Eichhörnchen fiepen nicht mehr, halten die Luft an, verstecken sich oder rennen davon. Es ist als ob der gesamte Wald im letzten Sonnenlicht plötzlich schwiege. Nur das Knistern des Lagerfeuers hat sich nicht verändert. »Singen wir so schlecht?«, schießt es dem Mann an der Gitarre durch den Kopf. Und in derselben Sekunde knacken Äste: Ein kapitaler

Grizzly kommt aus dem Wald gelaufen, trottet nur fünfzig Meter entfernt durchs Camp Richtung Fluss, schwimmt zum gegenüberliegenden Ufer und verschwindet wieder im Wald. Nichts passiert. Nur erschrocken. Und fasziniert. »Das Schweigen der Tiere«, erzählt später Scott Forrester, »war die Alarmanlage des Waldes.« Irgendwann singen die Vögel wieder, die Eichhörnchen sind zurück und der Wind spielt wieder mit den Tönen: »This land is your land, this land is my land.«

Bären sind im Yukon Territory, im Norden von British Columbia und in Alaska so alltäglich wie in Mitteleuropa die Kaninchen im Garten. Es gibt sie, obwohl sie nicht immer da sind, und jeder hat sie schon mal gesehen – oder fotografiert: seinen ersten Bären durchs Wohnmobilfenster am Straßenrand. Die Regeln zum Umgang mit den Riesen sind einfach – und liegen gedruckt in jedem Visitor Center, an jedem Campingplatz, an jeder Hotelrezeption und selbst an den Schaltern mancher Flughafen aus: nicht ködern, nicht füttern. Nicht heranwagen. Nicht anfassen. Rechtzeitig in Sicherheit bringen. Auf keinen Fall Verpflegung im Zelt aufbewahren. Und am besten Glöckchen am eigenen Rucksack befestigen und immer so viele Geräusche machen, dass Bären rechtzeitig wissen, dass jemand naht, nicht überrascht werden und so selbst für den nötigen Abstand sorgen können. Eigentlich hätte der Grizzly durch die Strophe von »This Land is Your Land« ausreichend vorgewarnt sein und in Gegenrichtung davonschleichen müssen. Wahrscheinlich fühlte er sich durch den Text provoziert und wollte demonstrieren, wessen Land es eigentlich ist. Der Auftritt ist gelungen. Nicht auszudenken, was der Bär unternommen hätte, säße Craig Dahn aus Kansas im Glitzeranzug am Lagerfeuer, würde die Musik machen, alle paar Sekunden eine Faust ballen, dazu grinsen wie an Bord und *yeah* rufen …

Betonwellen auf dem Mackenzie River

Die Wildnis der Northwest Territories per Wasserflugzeug entdecken und den eigenen Magen kennenlernen

Können Mägen Wünsche haben? Mal abgesehen von der Frage, ob und wie sie sie womöglich äußerten. Der Magen auf Platz 1A direkt hinter dem Pilotensessel von Ted Grant hat einen. Einen sehr innigen Wunsch sogar. Möge Ted an den Hängen der Mackenzie Mountains bloß kein Dall-Schaf mehr entdecken und quer durch die Fallwinde darauf zuhalten, auch keinen fotogenen Hirsch auf einem Hochplateau, keinen Schwarzbären in der Mittagsruhe vorm hoch gelegenen Höhleneingang. Am besten, wünscht sich der Magen, schaut Ted nur noch geradeaus, zwischendrin ab und zu auf seine Instrumente, und dann sollte er dieses verdammte Wasserflugzeug endlich heil hinunterbringen.

Eine halbe Stunde später wird Ted zumindest indirekt zugeben, dass er sich ebenfalls nicht so ganz wohlgefühlt hat. »*Bumpiest ride of the summer*«, wird er sagen. Der unruhigste Flug dieser Saison. Oder anders: wirklich keine Schande, dass der Magen an diesem Trip nicht allzu viel Spaß hatte.

Unterwegs hatte Ted sich nicht beirren lassen und das volle Fünf-Stunden-Programm absolviert, für das die vier Passagiere dieses Fluges bezahlt hatten: auf dem Mackenzie River bei Fort Simpson Anlauf nehmen und über den Himmel der Northwest Territories reiten, den Norden aus der Adlerperspektive erleben, an den Virginia Falls kurz vor der Abbruchkante auf dem Nahanni River zwischenlanden, einen Spaziergang am Ufer entlang zu den Wasserfällen machen, später mit dem Wasserflugzeug gegen die Strömung wieder starten und anschließend auf Flugsafari wilde Tiere in den Bergen suchen. Vierhundert Dollar hat der Spaß gekostet – Lunch nicht inklusive, was für den Magen wahrscheinlich eine gute Lösung war.

Ted unternimmt diese Touren täglich, kennt die Gegend in- und auswendig, duzt sich mit den Stürmen, ist befreundet mit den Wetterwechseln, kennt sich aus mit den Launen der Fallwinde – und mit den Geräuschen seines Flugzeugs, mit dessen nicht mehr so ganz fabrikneuen Instrumenten. Er weiß zum Beispiel, dass es noch nicht schlimm ist, wenn sich der Tankstandanzeiger bedenklich dem roten Bereich nähert und ist äußerlich gelassen. Was er wirklich denkt, bleibt bei diesem Mann ein Geheimnis. Ted Grant lebt schon lange hier oben, er fliegt schon lange in Kanadas Norden, und es gibt niemanden auf diesem Planeten, an den er mehr glaubt als an sich. So kann man *bumpy rides* ohne feuchte Hände aushalten.

Am Morgen schlug der Mackenzie River bereits ein paar Wellen mehr als für einen angenehmen Wasserflugzeug-Takeoff optimal gewesen wären. Jede einzelne fühlte sich unter den Schwimmern der sechssitzigen Maschine wie die absichtlich installierte Betonschwelle einer verkehrsberuhigten Spielstraße an. Als Ted Gas gab, entwickelte sich das Fahrgefühl so, als ob man mit einer Limousine hundertfünfzig Stundenkilometer schnell über einen schlaglochübersäten Feldweg brettert – was im direkten Vergleich den Vorteil hätte, nicht irgendwann zwölf Meter über diesem Feldweg zu schweben und von seitlichen Böen gebeutelt zu werden.

Der Magen grüßt das erste Mal freundlich und gibt an den Kopf durch, dass er vorhanden ist und als empfindsames Organ bestimmte Ansprüche und Wünsche an Fortbewegung hat. Glücklicherweise halten sich die Luftlöcher anfangs in Grenzen, und nur manchmal greift der Wind unverhofft in zwei, drei Kilometern Höhe nach der genieteten Metallwand, die da einmotorig über den bewölkten Himmel knattert. Ted fasst in solchen Momenten etwas fester ins Ruder und hört kurz auf, Anekdoten seines Virginia-Falls-Ausflugs mit Prinz Andrew über Kopfhörer zu erzählen. Jedenfalls scheinen die beiden seinerzeit besseres Wetter und so viel Spaß gehabt zu haben, dass ein Jahr später der Gegenbesuch in Buckingham Palace fällig gewesen war.

Damit die Erinnerungsfotos trotz der Wolkendecke nett werden, schraubt Ted die Maschine in vielen engen Schleifen über die Virginia Falls abwärts, als würde sie auf den Windungen eines Korkenziehers in bedenklicher Schräglage Rutschbahn fahren. Die Bilder, stellt sich später heraus, sind wider Erwarten nett geworden, der Magen grüßt zum zweiten Mal. Und Betonschwellen gibt es offenbar auch in der völligen Wildnis: Landung auf dem Nahanni River – über hundert Kilometer von der nächsten Straße entfernt, nur ein paar Dutzend Meter von der Abbruchkante der Wasserfälle. Als nette Geste hat irgendwer einen Ponton an den Felsen des Ufers in der Einsamkeit verankert, wo wiederum Wasserflugzeuge festgemacht werden.

Im Ein-Personen-Betrieb ist es eine mittlere Glanzleistung, die Mühle gleichzeitig zu steuern, abzubremsen, durch die Klappertür auf der Pilotenseite herauszuspringen, ein Seil zu greifen und sie festzumachen, bevor irgendeine Naturgewalt sie gepackt hat. Ted beherrscht dieses kleine Kunststückchen recht gut. Falls er damit Schwierigkeiten hätte, wäre es wahrscheinlich nicht zu dem netten Freundschaftsbesuch in London gekommen.

Das Ablegen zum Start gestaltet sich ein bisschen unkomplizierter als das Festmachen nach der Landung. Geringfügig vereinfacht läuft es im Idealfall ungefähr so ab: Leine losbinden, noch stramm halten, schnell einsteigen, Leine lockern, einholen und dabei besser nicht in den Propeller geraten lassen. Klappertür zuknallen nicht vergessen. Und weil die Strömung schon mal zugepackt hat und Richtung Wasserfall will: eilig gegenlenken und dem Propeller Zunder geben. Ted hat auch darin Übung und ist nicht ungeschickt.

Oben geht es so lange weiter mit Prinz Andrew, bis die Sehnsucht nach Dall-Schafen die Oberhand gewinnt. Diese Schafe haben eine gewisse Scheu und von daher auch eine Abneigung gegen im Gebirge kreisende Wasserflugzeuge und klettern deshalb recht gerne an steilen Hängen – was Ted weiß und bei der Spontan-Routenplanung berücksichtigt: auf zum Abhang und mal listig in achtzehnhundert Meter Höhe und fünfzig Meter Abstand zum Granit nachgeschaut. Klar, dass Duzfreund Fallwind da freudig zupackt – manchmal ein bisschen *bumpier* als Ted erwartet hat. Einmal verbünden sich Fallwind und Kollege Luftloch zu einem Scherzchen unmittelbar hinter der Felswand und erklären dem kleinen Metallkonstrukt mit dem fragilen Propeller an der Haube mal kurz, was Naturgewalt ist und wer in der Heimat der Dall-Schafe das Sagen hat. Die Maschine sackt so sehr durch, dass die rote Kappe kurz abhebt und wieder aufs ergraute Haupt zurücksinkt. Dass der Fotoapparat des Sitz-1A-Erholungsurlaubers kurz in der Kabine zu schweben übt und in den Schoß zurücksackt. Dass sämtliches Gerümpel einschließlich eines dort nicht zwingend erforderlichen Staffelholzes aus der Sitztasche schießt, einen kurzen Moment schwebt, erst gegen die gepolsterte Kabinendecke knallt, dann auf den Fußboden. Das dürfte wohl Schwerelosigkeit gewesen sein. Ob für Sekunden oder nur Sekundenbruchteile? Das ist dem Magen egal. Er war auch schwerelos.

Ted schweigt bedenklich lange und hat beide Hände am Ruder, ehe er wieder von möglichen Dall-Schafen am übernächsten Berg spricht und zwischendrin etwas aus dem Kopfhörer brabbelt, was ungefähr wie »*look, when I … Prince Andrew … I … braaaab*« klingt und irgendwann abbricht.

Pilotenstolz in Kombination mit den für das vollständige Erlebnis im Voraus entrichteten vierhundert Dollar machen es unausweichlich, am übernächsten Berg noch nach den dortigen Dall-Schafen zu schauen. Die haben zum Glück schon Feierabend gemacht. Und der überübernächste Berg, wo »*definitely*« immer welche seien, ist »*unfortunately*« jetzt zu weit, weil die Nadel vom Tankstandanzeiger den engen roten Bereich außen links schon halb durchschritten hat. Das gelegentliche Spotzen hat damit angeblich nichts zu tun und sei sowieso völlig normal und unbedenklich. Ted ist »*so sorry*« darüber, aber »*it was fun*«. Kann sein, dass der Mund das sogar freundlich und ohne vollständige Überwachung durch den hin und her geschüttelten Verstand bestätigt. Der Magen empfand es nicht als *fun*, und der Körper insgesamt wurde selten so oft und so deutlich daran erinnert, dass zu seinem Ensemble ein Magen gehört, der nicht für jeden Spaß zu haben ist. Müßig, zu erwähnen, dass die verkehrsberuhigenden Betonwellen auf dem Mackenzie River zum Zeitpunkt der Landung in Fort Simpson nicht weniger geworden sind. Und dass an einem Ponton festgemacht wird.

Königin Silvia in der Bauernstube

Wie Goldgräber im Yukon Territory wohnen

Auf dem Fernseher stehen die Märchenfiguren der Sieben Schwaben aus Keramik, auf dem Fußboden liegen die Plüschtiere der Enkel, die gerade zu Besuch sind. Auf dem Tisch warten ein halbes Jahr alte deutsche Zeitschriften – ein abgegriffener *stern*, eine *Bunte*, eine *Frau im Spiegel* mit Schwedens Königin Silvia auf dem Titel. An den Wänden hängen Stickbilder grüner Mittelgebirgslandschaften, und mitten durchs Panorama fließt meistens ein Bächlein. Die Sitzecke ist rustikal, die Tischdecke kariert – das meiste selbst gebaut, nichts aus dem IKEA-Katalog, alles wie in einer süddeutschen Bauernstube. Nur hat es diese in die Polarkreisregion Nordkanadas verschlagen. Abends kann es vorkommen, dass ein Elch die Wäsche von der Leine vorm Fenster zupft oder ein Braunbär draußen in der Mülltonne neben der Eingangstür nach Essensresten kramt.

Das Wohnzimmer sieht aus, als ob es aus Versehen im Vierhundert-Seelen-Ort Mayo im kanadischen YukonTerritory gelandet wäre und eigentlich zwischen Schwarzwald und Allgäu stehen sollte. »Wir nehmen, was kommt und reichen es anschließend wieder weiter«, sagt Hausherr Hans, der den Blicken gefolgt ist. »Bei den deutschen Zeitschriften sind wir nicht wählerisch. Hier oben kommen nicht allzu viele an.« Er fährt sich mit der Hand durchs schüttere Haar.

An Winterabenden hockt er am Esstisch und fabriziert mit Feinmechanikerwerkzeug aus einem kleinen Teil der Ausbeute seiner Sommerarbeit Schmuck: Armbänder, Ringe. »Alles nur Hobby«, sagt er und zuckt mit den Schultern im Karohemd, als wäre ihm seine Winterbeschäftigung peinlich. Die Nuggets hat er selbst gefunden, den Goldstaub gemahlen, eingeschmolzen, geformt, verziert – und alles nur aus Zeitvertreib. Seinen Schmuck verkauft Hans nirgends. Er schenkt ihn seiner Frau. Und sich schenkt er damit in den Wintermonaten eine Aufgabe, wenn die Nächte lang sind. Manchmal schaut er auf zu den Stickbildern und versinkt in Gedanken in den plätschernden Mittelgebirgsbächen, die seine Frau mit Nadel und Faden fabriziert hat.

Hans ist Goldschürfer, vor über einem halben Jahrhundert als junger Mann aus Deutschland gekommen, um der Wehrpflicht zu entgehen. Erst hat er in einer Silbermine gearbeitet, dann einen eigenen *claim* gepachtet und lange nach dem legendären großen Goldrausch am Klondike versucht, in derselben Region sein Glück zu machen. Seinen Lebensunterhalt hat er damit verdient. Reich geworden ist er nicht. Kaum einer macht mit Goldschürfen heute noch das große Geld. Das war 1896 anders, als der Goldrausch am Klondike begann und Glücksritter dem sandigen Boden im Rekordjahr fünfzig Tonnen Gold abrangen.

Dem kleinen Holzhaus an der Hauptstraße in Mayo sind die Eheleute über die Jahre treu geblieben: ohne anzubauen, ohne die Wasserhähne zu vergolden. Ihr Luxus ist das Drumherum. Die Weite des Nordens. Die Stille. Der Duft der Wälder. Die ferne Welt kommt mit einem halben Jahr Verspätung ins Haus, in *Bunte* und *Frau im Spiegel*, ohne dass die sechs Monate etwas ausmachten. Fünfzig Meter sind es zur Kirche, ein paar Schritte zum Hydranten, der nicht helfen wird, falls es zur falschen Zeit mal brennen sollte. Das Wasser fließt nur zwischen Juni und Anfang Oktober. Zu allen anderen Zeiten wartet es steifgefroren in den Leitungen auf den nächsten Sommer.

Fünfundzwanzig Kilo Edelmetall holt die Familie Jahr für Jahr aus dem Boden des Yukon Territory, und für weitere vierzig Jahre dürften die Vorkommen auf ihrem *claim* noch ausreichen. Mit der Spitzhacke, mit Kelle und Sieb ist nichts zu machen – schon seit über einem halben Jahrhundert nicht. Geschürft wird im Yukon mit schwerem Gerät, mit teuren Maschinen, und auch die Pacht hat es in sich. Der Erlös reicht für den alljährlichen Mexiko-Strandurlaub in der Zeit, wenn es in Mayo bis zu minus fünfzig Grad kalt werden kann. Das Geld reicht ab und zu für einen neuen hochbeinigen Pick-up. Warum etwas an der Wohnzimmereinrichtung ändern? Nicht im Yukon.

Draußen am sechzig Kilometer entfernten *claim*, wo Hans den Großteil des Sommers verbringt, wohnt er eher wie die Goldgräber von einst, die Dawson City gegründet haben: in einer Blockhütte mit Pritschen und ohne Wasseranschluss. Wie Jack London, dessen kümmerliche Hütte aus den Zeiten des großen Goldrauschs in Dawson City heute die Hauptattraktion des Museums ist. Nur hundert Tage im Jahr ist der Boden weich genug, um schürfen zu können. Der Arbeitstag beginnt dann morgens um acht und endet kurz vor Sonnenuntergang abends um zehn. Das einzige Möbelstück, das zu dieser Zeit irgendeine Bedeutung hat, ist das Bett – notfalls täte es auch ein Brett. Sechs Tage geht das so, am siebten Tag geht es zum Einkaufen und zum Duschen in den Ort.

Lowell Bleiler hat inzwischen eine Dusche direkt auf seinem *claim*. Der Zweimetermann hat die Seiten gewechselt und gönnt sich ein bisschen mehr Sommerluxus. Er schürft nicht mehr selbst, sondern hat den *claim* der Familie verpachtet. Längst könnte er mit seiner Frau Lynette in Yukons Hauptstadt Whitehorse ziehen, auf die Pachteinnahmen warten und sich ein nettes Leben im Häuschen mit Klimaanlage, Kühlschrank und Elektroherd machen. Doch für jemanden, der jahrzehntelang Goldgräber war, ist das nichts. Bleiler hat deshalb in Lebensqualität investiert, einen Wohnwagen mit Duschkabine angeschafft und ihn neben den Bagger auf den verpachteten *claim* gestellt. Damit er immer erreichbar ist, falls sein junger Pächter mal Fragen hat. Oder so. Die Polster der kleinen Sitzecke sind grünbraun, das Furnier der Verschalung im hellen Holz-Look ist aus Kunststoff, der Fußboden aus Linoleum, letzter Hightech-Schrei ist eine eingebaute Mikrowelle. Luxus in der Wildnis. Und aus dem Backofen steigt der Duft nach Blaubeerkuchen.

Kaum ein Kollege wohnt so schick wie Lowell

Bleiler, kaum einer so komfortabel. Kaum einer am Klondike hat je so gewohnt. Und alle verstehen sie, dass er investieren und den Wohnwagen anschaffen musste: um zu bleiben. Um es in der neuen Rolle netter zu haben als vorher und ein bisschen herrschaftlicher als der Pächter, der in Bleilers Exblockhütte gezogen ist. Und um ständig für etwaige Fragen erreichbar zu sein. Will er gerade doch mal nicht zu sprechen sein oder hat Lynette Mittagsruhe angeordnet, dreht er das Pappschild am Drehknauf der Wohnwagentür auf »Sleeping«, was so viel bedeutet wie »Nur stören, wenn du auf eine sensationelle neue Goldader gestoßen bist«. Auf der Rückseite steht »Not sleeping«. Das wiederum bedeutet: »Komm einfach herein und lass uns über die alten Zeiten reden, wann immer du willst. Ich will immer.«

Frank Taylor hatte einige Zeit lang den richtigen Riecher, hat viel Gold gefunden und den neuen Reichtum wieder investiert. Sogar ein Designerhaus hat er sich ans Ufer des Duncan Creek maßzimmern lassen. Eines, das er auch in den teureren Gegenden Vancouvers nicht verstecken müsste – zur Wasserseite mit meterhoher Panoramaverglasung bis in den Giebel hinauf, großen Terrassentüren, rautenförmigen Oberlichtern, heller Holzverschalung, teuren Möbeln, die er wohl in einem Designerkatalog gefunden hat und von irgendwoher aus dem fernen Süden liefern lassen musste. In Whitehorse ist so etwas nicht zu finden. Der Mann ist geschmacklich auf der Höhe der Zeit.

Frank Taylor hat offensichtlich das Geld, sich diesen Stil selbst vierhundert Kilometer südlich des

Polarkreises zu leisten – und er hat ein Problem: Seine Glückssträhne ist immer noch nicht gerissen. Neulich hat er im Garten ein Goldnugget gefunden. Einfach so beim Umgraben eines Beetes. Es lag da, und er konnte ausschließen, dass es jemandem im Vorbeigehen aus der Hosentasche gefallen ist. Seitdem hat Taylor zwar immer noch sein panoramaverglastes Designerwohnzimmer, aber der Reiz der Aussicht hat nachgelassen. Auf der Terrasse sind tiefe Reifenspuren. Vor den Fenstern parkt schweres Gerät. Riesige Schaufelbagger haben den Garten am *creek* auf dreihundert Meter Breite komplett umgegraben, Filtermaschinen den gesamten Aushub mehrfach gesiebt. Es hat dort noch mehr Gold gegeben. Frank hatte wieder den richtigen Schürferinstinkt und hat, obwohl er nicht über Summen spricht, vermutlich ein weiteres Vermögen gleich hinterm Haus gemacht. Der Ertrag wird für viele schöne Sofas reichen – und wahrscheinlich als Honorar für jemanden, der für ihn am Ausblick feilt und aus dem Kieswerk-Look wieder ein Nordlandpanorama macht. So lange kann man ja Rollos anbringen. Der passende Katalog liegt schon auf dem Tischchen neben dem Fernseher.

Kantholz mit Klang

Souvenir mit dem Sound eines Kontinents

Wie klingt die Dimension Nordamerikas, wie klingen viertausendfünfhundert Kilometer auf Schienen zwischen Toronto und Vancouver? Und kann man dieses Geräusch mit nach Hause nehmen, damit womöglich sogar Nachbarn erschrecken, Passanten irritieren, wildfremde Menschen am eigenen Verstand zweifeln lassen? Zwei Antworten: Die Weite Nordamerikas klingt eigenartig. Und: Ja, man kann.

Manchmal machen Souvenirs sogar Sinn und landen nicht spontan in der Kellerkiste oder auf dem zweifelhaften Ehrenplatz im staubreichsten Bord des Wohnzimmerschranks. Dieses ist eines, das immer wieder zum Einsatz kommen kann, gut in die Manteltasche passt und manchen Sonntagsspaziergang aufzulockern hilft: die kanadische Zugtröte – ein unscheinbares, etwa zwanzig Zentimeter langes und etwa dreieinhalb Zentimeter breites Stück Kantholz mit einem Hohlraum im Inneren, einem geschnitzten und polierten Mundstück und mit vier einigermaßen willkürlich wirkenden tiefen Einkerbungen. Tutet man hinein, klingt es wie das heisere Horn einer Dampflok – ein lang gezogenes Tschuuhuuut-tschuut. Wie die Auftrittsfanfare für John Wayne zur Verhinderung eines Indianerüberfalls auf den Postzug vom Rio

Grande nach El Dorado. Ein Geräusch, das so nur die Züge in Nordamerika machen. Ein Sound mit einem Echo aus Abenteuer und Entdeckerland. Die einzig wahre Intonation für Prärie und Rockies, die optimale Erinnerungsmelodie an eine Viertausendfünfhundert-Kilometer-Transkanadareise per Eisenbahn. Obendrein simpel gemacht, sachlich im Design, schnörkellos, umweltverträglich, notfalls komplett recycelbar.

Verkauft wird es in den Transkontinentalzügen der kanadischen Eisenbahn – knapp fünfzehn Dollar pro Exemplar. Viel für ein Stück Holz, wenig für ein originelles Mitbringsel mit Effekt. Kein Wunder, dass das Ding im rollenden Souvenirshop des »Canadian« ein Renner ist. Egal, dass es auf den letzten paar Hundert Kilometern durch die Rocky Mountains Richtung Vancouver von nun an auch im Korridor vor den Schlafabteilen, im Speisewagen und auf dem Panoramadeck des Aussichtswagen gelegentlich tutet. Das Geräuschmonopol der Lok ist gebrochen. Und weil das Bordpersonal die Wirkung des kuriosen Holzspielzeugs auf Eisenbahn-Enthusiasten kennt, wird der rollende Souvenirshop jedes Mal erst nach etwa viertausend Kilometern geöffnet. Wer weiß, wie phonstark es in den Waggons sonst die ganze Fahrt über zuginge. Junge, Alte, Dicke, Dünne, Distinguierte, Coole, Stille, Bierselige: Es gibt keine Unterschiede mehr. Alle kaufen. Alle tuten.

Und besonders schön ist das Stück Holz zu Hause: Wenn sich damit die Nachbarn beim Blumenzwiebelsetzen aufschrecken lassen, weil sie zweifelsfrei von einer Wildwest-Eisenbahn zur Seite getrötet werden, die unvermittelt durch ihren Garten rattern will. Weil die Passanten in der Fußgängerzone sich wunderbar irritiert umschauen, wenn aus irgendeinem Geschäftseingang heraus plötzlich eine Eisenbahn trötet, die einfach nicht ins Blickfeld gelangen will. Weil es einen Riesenspaß macht, an einem Bahnübergang aus dem Versteck zu tröten, wenn Spaziergänger gerade über die Gleise marschieren wollen und weit und breit kein Zug zu sehen ist. Allein das ist bereits die paar Dollar wert.

Durch Mittelerde ans Eismeer

Der Dempster Highway: Kanadas legendäre einzige Straße ans Eismeer

Kein Mensch weit und breit, kein anderes Fahrzeug. Nur Stille. Unendliche Stille, nicht einmal Wind, kein Vogel. Einfach gar nichts. Nur ein kleiner Präriehund hat diesen Nachmittag Stress. Er steht am Geröllrand der Piste, blickt hektisch in alle Richtungen, ehe er plötzlich den vermoosten Hang lautlos hinunterrennt, als ob ihm in dieser Sekunde eingefallen wäre, noch kurz vor Ladenschluss in irgendeinem Supermarkt für Präriehunde das Abendessen einkaufen zu müssen.

Geisterhafte Nebel wabern über grellgrüne, leicht gewellte Landschaften, über graubraune Abhänge. Die Richardson Mountains wirken wie nicht von dieser Welt, wie Fantasien aus Tolkien-Büchern, wie Mittelerde am Polarkreis. Eine einzige Straße windet sich durch diese Berge. Ein Band aus Schotter, zwei Autos breit, manchmal für ein paar Kilometer asphaltiert, dann wieder nur gewalztes Geröll. Es gibt Leute aus dem Süden, die fliegen nach Dawson City oder Inuvik und mieten ein Auto, nur um einmal auf diesem Dempster Highway zu fahren. Es ist die einzige öffentliche Straße Kanadas, die bis an dessen nördliches Ende führt, bis hinauf ans Eismeer. 2004 feierte sie ihren fünfundzwanzigsten

Geburtstag und blickte auf ein Dasein voller Schlaglöcher zurück. Das Schöne dabei ist, dass die Zukunft nicht anders aussieht.

Für Bill Rutherford ist diese Straße Alltag. Für ihn sind die hektischen Präriehunde am Weg normal, für ihn sind die Karibuherden selbstverständlich, deren hundertzwanzigtausend Tiere im Frühjahr und im Herbst zwischen Eagle Plains und Fort McPherson das Straßenband überspringen. In Eile sind sie dabei nicht, denn sie sind in der Mehrheit. Sie bestimmen das Tempo. Ihnen gehört der Dempster Highway. An normalen Tagen kommt stundenlang kein Fahrzeug vorbei, und dass zwei zugleich auftauchten, ist seltener Zufall.

Rutherford kennt die staubige Strecke wie kein anderer. Seit vielen Jahren fährt er nach festem Fahrplan den Dempster Highway vorbei am Mount Tombstone und durch die Richardson Mountains nördlich des Polarkreises bis hinauf nach Inuvik. Alle drei Wochen ist er dort oben im Mackenzie Delta kurz vorm Eismeer und verkauft von der Hebebühne seines Kühltrucks, was immer er diesmal an Ware mitgebracht hat – frische Erdbeeren, Vollmilch, Schweineschnitzel, Frischkäse und Weintrauben. Alles, was er auf dem Großmarkt von Edmonton bekommen konnte. Alles billiger als die Dinge, die per Luftfracht in Inuvik einschweben. Und alles gute Qualität. Immer hat er auch ein paar Kisten Niersteiner Spätlese und Liebfrauenmilch aus Übersee dabei – auf Wunsch des österreichischen Kellners vom Green-Briar-Restaurant, der sich und seinen Gästen damit vierhundertfünfzig

Kilometer nördlich vom Polarkreis das Heimweh vertreibt.

Manchmal ist Bill erst einen Tag später da, wenn das Geröll der Piste unterwegs einen Reifen aufgeschlitzt hat oder die Fähre über den Mackenzie zwischen Fort McPherson und Arctic Red River wieder mal mit Maschinenschaden Zwangspause machen musste. Auf dem Rückweg gibt er dann Gas und holt die Verspätung wieder ein.

Die Leute aus dem Süden, die einmal seinen Alltag erleben wollen, werden immer mehr. Mit dem Wohnmobil wollen sie den Dempster bezwingen, einmal von Dawson City im Yukon Territory bis nach Inuvik im Mündungsdelta das Mackenzie Rivers ganz oben in den Northwest Territories fahren.

Jeder Blick durch die riesige Frontscheibe ist bei dieser Fahrt wie großes Kino: als ob auf dem Glas ein Film nach dem anderen abgespielt würde – vom Road Movie bis zum John-Wayne-Westernklassiker, vom Tierfilm bis zum Abenteuer-Thriller. Als tourte das Fahrzeug durch ein einziges riesiges Autokino und wäre von einer Dreihundertsechzig-Grad-Leinwand umgeben, die sich mitbewegt.

Siebenhundertsechsunddreißig Kilometer weit führt die Piste durch hellgrüne Mooslandschaften wie aus der Urzeit, durch violette Blütenmeere im arktischen Sommer, durch Gebirge, in denen sich noch niemand die Zeit genommen hat, jedem Gipfel einen Namen zu geben. Hundertvierundsechzig weitere Kilometer sind es bis Tuktoyaktuk, wo der Kontinent endet – befahrbar nur im Winter, wenn die Flussarme steif gefroren sind.

Die Autos hier oben sind Laster: hochachsige Geländewagen, gewaltige Gefährte, PS-starke Benzinschlucker mit Ladefläche. Fast jeder, der auf diesem Dempster Highway unterwegs ist, fährt mindestens einen Allrad-Pick-up. Die richtigen Lkw sind Riesenlaster. Unter Truckgröße läuft wenig. Landschaft in XXL braucht Fahrzeuge in Übergröße. Und naht einer wie Bill Rutherford, dann kündigt er sich kilometerweit aus der Entfernung durch seine riesige Staubfahne an. Jeder, dessen Fahrzeug kleiner ist, nimmt den Fuß vom Gas, rückt an den rechten Rand der Piste und betet, dass diesmal kein hochgewirbelter Schotterstein seine Windschutzscheibe zerschlagen möge.

Wenn die Wagen in Dawson oder in Inuvik losfahren, sind sie eindeutig einer bestimmten Lackfarbe aus der breiten Palette des jeweiligen Herstellers zuzuordnen. Wenn sie den Highway hinter sich haben, sind sie im Einheitston dieser Straße gespritzt. Im Sommer ist es das immer gleiche Graubraun – die Tönung aufgewirbelten Staubs. Und sollte es regnen, würde der Wagen nicht rein gewaschen, sondern die Tropfen wirkten wie Klebstoff und fixierten den Dreck. In den Wintermonaten ist es das Weiß des Neuschnees, das den Fahrzeugen ihre Einheitsfarbe verpasst.

Die Straße hinauf ans Eismeer gibt es seit dem Sommer 1979. Durchgängig befahrbar ist sie nur für etwa zehn Monate im Jahr. In der Übergangszeit ist sie gesperrt, wenn der Mackenzie bereits zu viel Eis führt, als dass die Fähre aus Arctic Red River noch übersetzen könnte und es umgekehrt noch nicht fest genug ist, um als Brücke zu dienen. Über zwanzig Jahre dauerte es von der Planung dieser Straße bis zur Fertigstellung. Immer wieder wurde der staatliche Geldhahn zugedreht, immer wieder stockten die Bauarbeiten. Gegner sprachen von der *Road to Nowhere* und machten Stimmung gegen das Projekt, das sie als nutzlose Piste von einem Iglu zum anderen verspotteten. Wie schön, dass es den Highway gibt, obwohl sie Recht behalten haben.

Die Route orientiert sich an einem Pfad der Gwitchin-Indianer, der später als Hundeschlitten-Trail genutzt wurde – auch von William John Duncan Dempster, der hier mit seinem Gespann bei minus vierzig Grad Patrouille für die Royal Canadian Mounted Police gefahren ist und bei seiner Pensionierung 1934 nicht geahnt haben wird, dass einmal eine Straße nach ihm benannt werden würde.

Jedes Jahr in der schnee- und eisfreien Zeit im Juli und August rücken die Arbeiterkolonnen an, um den Highway zu flicken. Der Straßenbau bringt Jobs in die Einsamkeit. Ungefähr die Hälfte der Bevölkerung, scheint es, ist damit beschäftigt, der anderen »Stop«- und »Slow«-Schilder in den kilometerlangen Baustellenbereichen entgegenzuhalten. Wer durch Zufall zu keiner dieser beiden Gruppen gehört, lässt sich auf dem Fahrersitz irgendwelcher Baumaschinen durchrütteln und schiebt Straßen zurecht.

So schön die Wildnis entlang des Highways ist, so verwahrlost sehen manche Orte am Weg aus. Fort McPherson zum Beispiel ist so ein Rumpeldorf mit Schrottautos im Vorgarten, zwei Zapfsäulen und einem Restaurant, vor dessen Betreten ein Filzstiftschild dazu auffordert, erstmal die Schuhe auszuziehen. Nur die Dame hinter der Theke darf welche tragen, während sie Brötchenhälften aus Plastikverpackungen nimmt, um sie anzuwärmen und anschließend ebenfalls angewärmte Tiefkühlhackscheiben dazwischenzuklemmen. Die Karte gibt ausschließlich Burger in minimal voneinander abweichenden Bauarten her und wüsste jemand, der wirklich kocht, dass die Burgerbastlerin als Köchin angestellt ist – er würde sich die Mütze raufen.

Neben den wenigen Häusern des Ortes stehen die Motorschlitten so unsortiert, als seien sie einfach dort stehen geblieben, wo sie zufällig gerade waren, als der letzte Junischnee über Nacht geschmolzen war. Der Sommer ist kurz, ist flüchtig, der Schlittenparkplatz bedeutungslos. Irgendwann Anfang September, spätestens aber Mitte des Monats gibt es den ersten Neuschnee, und ab Anfang Oktober ist die Landschaft wieder durchgängig weiß. Bill Rutherford fährt trotzdem. Für ihn macht das alles nur einen Unterschied bei Reifenprofil und -gummimischung.

Metallica an der Eisgrenze

Wo Amerika zu Ende ist: Tuktoyaktuk ist das coolste Kaff am Nordrand des Kontinents

Wohin mit all dem Zeug, das nur im kurzen Sommer gebraucht wird? Mit den Dingen des langen Winters? Zumal, wenn das Haus weder Dachboden noch Keller hat und selbst nur mit Metallstelzen dem Permafrostboden aufgepfropft wurde. Neben das Haus. Hinter das Haus. Vor das Haus. Irgendwohin, Hauptsache in der Nähe. Tuktoyaktuk wirkt in seiner Struktur so zufällig wie ein Sperrmüllhaufen, und so akkurat manches Wellblechhaus aufgestellt ist, so sehr verteilt sich das Gerümpel im Hof.

Dabei haben sich Bauqualität und Optik über die Jahre verbessert. Die Häuser sind schöner geworden, wirken weniger improvisiert, sind als Komplettbausatz aus dem Süden geliefert und im August montiert worden, wenn das Meer eis- und das Land für ein paar Wochen schneefrei ist. Tuktoyaktuk ist kein Ort, der einen Schönheitspreis gewinnen wird. Und ehrlicherweise kommt es auch niemandem in den Sinn, ihn dafür zu nominieren. Die Altbauten sind zusammengezimmert aus dem, was Wasser und Wind herangetragen haben. Aus gestrandeten Schiffen. Aus allem, was zufällig hier anlandete und überdauerte. Die Kirche ist aus Treibholz. Die neueren Häuser sind aus Metall, verschraubt oder geschweißt, im besten Fall zusätzlich mit einer auf die Blechwand genieteten Holzverschalung versehen. Ein Dorf wie ein Wanderzirkus. Mit dem richtigen Werkzeug könnte man zwei Drittel davon zerlegen, verladen, wegschaffen und anderswo wieder aufstellen. Ein Schicksal, das Tuktoyaktuk mit den meisten anderen Siedlungen der Arktis teilt – Tribut an das Klima, an eine Gegend, die sich dem Menschen nicht anpassen mag. Hier funktioniert es nur umgekehrt. Der Mensch passt sich an, schraubt Ansprüche zurück, lernt, völlig anders zu leben als im Süden. Als dort, wo der Winter meistens bloß drei, vier Monate dauert.

Knapp neunhundertdreißig Einwohner hat Tuktoyaktuk, eine Landepiste für Flugzeuge, ein kleines Terminal aus Blech, ein Hafenbecken mit Platz für ein paar Kutter, einen verlassenen Horchposten des US-Militärs, ein paar Büros der Öl-Explorationsfirmen, die im und am Eismeer ihr Glück suchen und zwischendrin fast aufgegeben hatten, ein paar Werkzeugschuppen mit Ersatzteilen für schweres Bohrgerät, dazu eine Polizeistation und vier Gefängniszellen. In der Sprache der Ureinwohner bedeutet *tukto* Karibu. Seit Jahrhunderten siedeln Inuvialuit-Familien in der Gegend und jagen hier. Wann konkret der Ort gegründet wurde, weiß keiner so genau – nur dass er 1937 erstmals auf einer Landkarte auftauchte.

Tuktoyaktuk ist kein Dorf, an dem jemand zufällig vorbeikommt. Die nächste nennenswerte »Stadt« Inuvik, dreitausendfünfhundert Einwohner stark und so etwas wie die Verwaltungsmetropole der Region, ist eine knappe halbe Flugstunde entfernt – einen Himmelsritt über flaches, weites Land, über immer gleiche Sandbänke, Seen und Wiesen, über Meeresarme und unzählige Inseln im Mündungsdelta des Mackenzie River. Die Großstadt Edmonton ist viereinhalb Flugstunden entfernt, und die Distanz zwischen Vancouver und »Tuk« ist größer als die zwischen München und der marokkanischen Hafenstadt Casablanca.

Drei Straßen hat der Ort. Sie treffen an einer Stelle im Hundertzwanzig-Grad-Winkel aufeinander. Sie alle sind Sackgassen, und immer enden sie am Meer, dessen Wassertemperatur nie über vier, fünf Grad steigt. Von Mitte Juli bis Mitte September ist die Beaufort-See hier oben meist eisfrei, schiffbar, und nur der eine oder andere Eisblock in der Größe einer griechischen Ferieninsel treibt vorbei. »Es ist dann schwierig, dort draußen zu navigieren«, erzählt John Fraser, der seit dreißig Jahren hier lebt, einst mit den Öl-Leuten aus Calgary gekommen und geblieben ist. »Es gibt draußen auf dem Wasser im Sommer Luftspiegelungen wie in der Wüste. Fata-Morgana-Effekte, die dir Land oder andere Schiffe vorgaukeln. Du kannst kaum auf Sicht fahren, musst dich auf deine Instrumente, die Technik an Bord, auf Kompass, Radar und GPS-Satellitennavigation verlassen. Oder du bist hier geboren. Dann brauchst du all das nicht. Die Jungs aus Tuk fallen nicht auf die Spiegelungen herein. Wie sie das machen? Ich weiß es nicht. Es ist mir seit dreißig Jahren ein Rätsel, und es wird mir eines bleiben.«

Im Winter ist öfter mit unerwartetem Besuch in

Tuk zu rechnen als im Sommer. Dann hat die Siedlung am nördlichen Ende Amerikas für einige Monate eine Straßenanbindung – meist spätestens von November bis ungefähr Ende Mai. Eine markierte Piste übers Eis, hundertvierundsechzig Kilometer bis Inuvik immer parallel zum Verlauf des Mackenzie River – zu schaffen in etwa drei Stunden, wenn man mit den Gegebenheiten vertraut ist, das Geruckel über die Bodenwellen verträgt und den Mut hat, in der Wüste in Weiß Gas zu geben. Manchmal kommt sogar ein Truck hier herauf: mit den Weihnachtsgeschenken aus den Onlineshopping-Versandhäusern des Südens im Anhänger, mit dem bestellten Austauschgetriebe für Johns Motorschlitten, einer neuen Matratze fürs Hotel, mit frischen Apfelsinen aus einer fremden Gegend sehr, sehr weit im Süden. An einer ganzjährigen festen Straßenverbindung zwischen Tuk und Inuvik wird seit einigen Jahren gebaut. Wenn alles nach Plan läuft, soll sie 2018 eingeweiht werden.

Im Juni, wenn die Eisstraße schmilz, wenn Seen und Seitenarme des Mackenzie nicht mehr übers Eis passierbar sind, ziehen Leute wie Laura Raymond ins Sommerquartier. In ihr altes Zelt hinterm Haus, das aussieht wie die Notunterkunft eines Erdbebenopfers. Wie nicht ernst gemeint, nicht von Dauer, erst recht nicht fürs Wohlfühlen. Das Eismeer ist dort nur noch ein paar Meter vom Bett entfernt, und nachts machen die Wellen Musik. Wenn Laura aus dem Zelt tritt, sieht sie, wo der Kontinent endet und weiß, dass nördlich von ihr wahrscheinlich niemand mehr ist.

Laura Raymond zählt zu den Dorfältesten, hatte Schwierigkeiten, sich ans »richtige« Haus zu gewöhnen und fühlt sich nirgendwo wohler als in ihrem Zelt. Sie sehnt die Zeit herbei, wenn ihre fürsorglichen Verwandten sie endlich wieder dort wohnen lassen, wo sie aufgewachsen ist und den Großteil ihres Lebens verbracht hat: auf sechs Quadratmetern hinter Fellen, hinter blauen und weißen Planen auf einem Gestell aus gebogenen Metallstäben. Sie schläft dort. Sie kocht dort. Sie bekommt dort Besuch von den anderen Alten des Ortes, die ihre Zelte aufgegeben haben und sie doch vermissen. Sie sitzt dort, und manchmal singt sie die Lieder ihrer Vorfahren in einer Sprache, die von den Jungen längst nicht mehr alle verstehen und die jedem der Zugereisten fremd ist, in Inuvialuktun. Sie liegt dort auf ihren Fellen und denkt nach über damals, als die Geister noch alltäglicher waren, die Häuser keine Antennen hatten und das Fernsehgerät noch nicht in jeder Stube mitwohnte. Wenn sie schläft, träumt sie von diesen Zeiten, als sie ein junges Mädchen war und es noch nicht einmal die mittlerweile wieder verlassene Raketenfrühwarnstation der Amerikaner hier oben an der äußersten Nordgrenze des Kontinents gab.

Als Interkontinentalraketen erfunden wurden, Ost und West einander mindestens zugrunde rüsten wollten und Laura plötzlich in der Einflugschneise des endgültigen atomaren Unglücks wohnte, kamen die Soldaten mit ihren Horchposten, Radaranlagen, Sendemasten und geheimnisvollen Kuppeln, die sie an den Ortsrand bauten.

Seinerzeit boomte Tuktoyaktuk und hatte plötzlich ein paar Dutzend Einwohner mehr, bekam die Landepiste und regelmäßige Militärflüge. Heute brauchen die Amerikaner ihre Kuppeln in Kanadas Norden nicht mehr. Satelliten nehmen die Aufgabe der Arktis-Aufpasser von einst jetzt aus großer Höhe und zuverlässiger wahr. Vorbei sind die Zeiten, als junge Rekruten aus Florida, Texas oder Nebraska in endlosen dunklen Wintern für ihr Vaterland in der Arktis des nördlichen Nachbarn frieren mussten und depressiv wurden. Es ist viel geschehen in Lauras Leben. Wie schön, dass sie ihr Zelt noch hat.

Allzu viel Einblick in die Vergangenheit und in ihren Alltag soll kein Fremder bekommen. Nähert sich einer, zupft sie eilig ihre Jacke aus Robbenfell zurecht, verschwindet in ihrem archaischen Quartier und wirft die zuvor noch aufgefaltete Planenbahn des Eingangs hinter sich zu. Rückzug ins eigene Leben, in die eigene Geschichte – auch deshalb, weil es ihr ein bisschen peinlich ist, nichts Modernes zu haben. Stehen geblieben zu sein. Womöglich für zurückgeblieben gehalten zu werden. Sie will nichts erklären müssen, will kein museales Ausstellungsstück im neuen arktischen Alltag sein.

Tuktoyaktuk hat sich verändert: erst der Siedlungsplatz von ein paar Familien, von nomadischen Jägern, für viele nur ein Sommerquartier, eine Walfangstation. Aufgegeben. Wiederentdeckt. Noch mal aufgegeben, erneut angesteuert. Fast ist es übertrieben, den Ort eine Siedlung zu nennen. Heute hat Tuk ein kleines Hotel mit Gaststube, wo es das wahrscheinlich teuerste Roastbeef-Sandwich der Welt gibt – behaupten die Einheimischen und der Wirt dementiert es. Gut achtzehn Dollar für ein dünnes Stück Fleisch mit dem Hauch einer Gurkenscheibe, ein paar Zwiebelschnitzern, einem Salatblatt, zweierlei Soßen und zwei Scheiben Toastbrot. Jede einzelne dieser Zutaten ist per Flieger angereist. Mit vielen Zwischenstopps und über Tausende Kilometer. All das ging durch viele Hände, wurde oft umgeladen, und jeder wollte unterwegs daran verdienen. Viel wird dem Wirt davon nicht in der Kasse bleiben.

Fisch ist billiger. Nicht viel, denn diejenigen aus Tuk, die ihn fangen und weiterverkaufen, müssen damit genügend verdienen, um sich das Roastbeef-Sandwich leisten zu können. Eine arktische Preisspirale. Auf Holzgestellen hinter ihren Häusern trocknen sie den eingesalzenen Lachs in Sonne und Wind, um ihn zu konservieren. Ist der Fang gut gewesen, exportieren sie den Salzfisch aus dem arktischen Ozean. Keiner ist besser, keiner aromatischer als der Saibling aus einer der reinsten Meeresregionen der Welt. Und wenn sie zusammensitzen, plaudern und Musik machen, dann kauen die alten Leute aus Tuk ihr *muktuk* und ihr *mipku*, beides Snacks aus dem Fleisch des Belugawals. Nur die Ureinwohner dürfen ihn jagen – und müssen dabei streng ihre Quote der wenigen jährlich zum Abschuss freigegebenen Tiere einhalten.

Einmal am Tag mit der Morgenmaschine aus Inuvik, einem Beechcraft-Propellerflugzeug, kommen Fremde eingeschwebt: Touristen auf Kurzausflug – ein von der Regierung angeschobenes Beschäftigungsprojekt für die Inuvialuit, die dieses Geschäft vom Anfang der Leistungskette bis zum Ende abwickeln. Sie betreiben die kleine Reiseagentur in Inuvik, die die Trips anbietet. Sie machen die Werbung dafür, kutschieren die Ausflügler im betagten Klapperbus vom Stadtbüro Inuvik zum dortigen Flughafen. Sie sind es, die ihnen im Wartesaal Geschichten erzählen, bis der verspätete Flieger endlich startklar ist. Sie betreuen sie – auch oben in Tuk, wo Inuvialuit-Reiseleiter Ray hinter seiner Sonnenbrille wartet und cooler ist als der coolste New Yorker. Sein raumgreifender Schnurrbart wirkt wie frisch gekämmt, die Wangen sehen aus wie vorgestern rasiert, und den Zündschlüssel seines Minivans mit acht Sitzplätzen lässt er um den Finger rotieren wie anderswo die Beachboys das Starterzubehör ihres Porsche-Cabrios. Was Ray damit verdeutlichen will: Ich bin in der neuen Zeit angekommen. Ich bin einer von euch. Glaubt ja nicht, dass ich nach Fisch rieche. Ich bin cool, und nicht zuletzt deshalb müsst ihr mich ernst nehmen. Außerdem bin ich euer Guide, und ohne mich seid ihr hier oben in Tuk aufgeschmissen.

Ray war Fischer, bevor er ins Team der Beschäftigungsinitiative eingetreten ist. Er macht seine Sache gut, fährt langsam, erklärt laut und deutlich, zeigt die kleine anglikanische Holzkirche mit dem Robbenfell an der Wand, den Kieselsteinstrand, das Roastbeef-Hotel, die Gestelle, wo der Lachs trocknet. Und am Ende des Ausflugs stellt er jedem der Fremden ein Diplom aus. Darin bescheinigt er ihnen, dass sie ihren großen Zeh in den arktischen Ozean getippt haben. Und dass sie cool sind. Er bescheinigt es auch denen, die sich zierten und beim Kleinbusstopp am Kieselstrand Schuhe und Strümpfe einfach anbehielten. Und es interessiert ihn nicht sonderlich, dass die Urkundenausfüll-, Urkundenunterschreib-, Diplomverleih- und Händeschüttelzeremonie am Sperrgepäckschalter im kleinen Wellblechterminal von Tuktoyaktuk der Beechcraft eine Abflugverspätung beschert. Zeit ist in der Arktis nichts, was den Tag dominiert. Und Bewegungsabläufe finden auch im Sommer im selben Tempo statt, das im Winterdreivierteljahr durch die Unförmigkeit der gefütterten Thermokleidung vorgegeben ist. Hektik beginnt erst ein paar Breitengrade weiter südlich.

Der Pilot trägt es mit Fassung und einem milden Lächeln. Pünktlich war seine Maschine schon beim Hinflug nicht. Sie ist es selten. Am Morgen war sie zu spät aus Paulatuk gekommen. Dort zogen ausgerechnet zur geplanten Startzeit Moschusochsen über die Piste. Und auch beim Zwischenstopp in Aklavik gab es Verspätung. Pünktlich zum vorgesehenen Start hatte sich eine Nebelbank exakt über den Flughafen gesenkt und schien sich dort recht wohl zu fühlen. Auf den Wetterbericht gibt hier ohnehin niemand viel. »Wir haben mehrmals täglich schönes Wetter«, scherzt der Pilot. »Manchmal nur für fünf Minuten.« Was macht da schon eine Viertelstunde Verspätung aus, weil Ray noch weltstädtische Touristendiplome unterzeichnen muss. Man kennt einander. Und man hat sich längst an alles gewöhnt.

Außerdem gibt es an den meisten Flughäfen im Norden keine zeitraubende Sicherheitskontrolle: kein Abtasten, kein Durchleuchten – außer in Yellowknife, in Whitehorse und seit Kurzem auch in Inuvik. Wer in den Süden will, muss grundsätzlich in der Hauptstadt der kanadischen Northwest Territories aussteigen und in Yellowknife durch die Sicherheitsschleusen. In kleinen Orten wie Tuktoyaktuk interessiert sich niemand für das Messer am Gürtel, die Harpune im Rucksack, das Gewehr im Gepäck. Es ist normal. Und es ist kein Problem.

Auch Air Aklak geht auf eine Beschäftigungsinitiative zurück, ist ein Inuvialuit-Projekt und in Besitz der Ureinwohner. Im Liniendienst verbinden ihre Propellermaschinen die größeren Siedlungen des arktischen Nordwestens. Und nennenswert ist ein Ort hier bereits mit hundert Einwohnern – Hauptsache, er hat eine Landepiste.

Nur der Pilot gehört nicht dazu. Er stammt aus Quebec, wollte an den leeren Himmel des Nordens und trägt nun eine Uniform, die bei den Linienfliegern des Südens nicht durchgehen würde: einen blauen Overall mit Werkzeug in der Oberschenkeltasche, schwere Schuhe, ein Karohemd unter den Trägern des Blaumanns. Zum Start dreht er sich wie auf dem Hinweg einmal kurz vom Pilotensitz Richtung Kabine und spricht die Sicherheitshinweise – auf Englisch mit französischem Akzent. »*Welcome aboard*«, sagt er. »*It will take twenty five minutes down to Inuvik today. Beautiful view. Clear sky. No turbulences expected.*« Und schon rotieren die Propeller, schon nimmt die Kiste Anlauf auf der

Piste von Tuk. Mit an Bord ist diesmal ein Husky in einer Transportkiste – und Frauchen, die ihm gut zuredet. Das Tier muss zum Arzt nach Inuvik.

Laura Raymond bleibt am Boden zurück. Sie ist noch nie geflogen und gut ohne ausgekommen. Das wird auch künftig so sein. John bleibt, um Fata Morganas zu beobachten. Ray bleibt ebenfalls und braucht dringend ein Roastbeef-Sandwich. Diesen Nachmittag ist es erschwinglicher als sonst. Die Touristen waren großzügig und haben Trinkgeld dagelassen.

Zweimal nur war wirklich etwas los in Tuktoyaktuk. Zweimal kam die Welt, schaute vorbei und brachte ihre Töne mit ins Eis. Laura fand es schrecklich, Ray kam bei den coolen Fremden gut an und fand das alles *freaky*: Damals, es war 1995, gab die Heavy-Metal-Musikgruppe Metallica ein Konzert in Tuk. Nicht dass es dort viele Fans gäbe, aber es war gut für die PR. Der Auftritt dauerte zwei Stunden, es war sehr laut und passte ins Ambiente. »Ungefähr so klingt es, wenn mein Motorschlitten Getriebeschaden hat, und wenn die Jungs mit dem Geräusch Geld verdienen: warum nicht?«, frotzelt John noch heute. Und einmal trat Courtney Love in Tuktoyaktuk auf. Auch der weltweiten Werbewirkung wegen. Was sie intonierte, klang zwar nicht nach Motorschlitten, aber auch sonst nicht nach irgendetwas Spezifischem. Angeblich reichte die Stimmkraft an diesem Tag nur für den einen oder anderen Ton. Sie ist ohne ein Diplom von Ray wieder abgereist.

Sechshundertfünfzig Meter Anlauf bis in den Himmel

Darf eine Buschpilotin in den Northwest Territories schön sein?

Wahrscheinlich hatte sie die Wahl und wusste es gar nicht. Tania Lor aus Toronto hätte Model werden können, und ein bisschen sieht es aus, als posierte sie jedes Mal, wenn sie die Nieten am Flügel ihrer Cessna überprüft. Wenn sie die dunklen Haare in den Nacken wirft, um die kleine Maschine stolziert, den Tankstand prüft, Öl nachfüllt, über die Propellerblätter streicht. Sie bewegt sich, als wäre die holprige Asphaltdecke des Rollfelds entlang des Antoine Drive in Fort Simpson direkt hinter den Häusern dreihundert Meter Luftlinie vom Ufer des Mackenzie River ihr Laufsteg. Als säßen rechts und links Zuschauer, die ihre Kleidung begutachteten, ihren Gang beurteilten und möglichst applaudieren sollten. Tania kann nichts dafür. Sie ist einfach so. Sie sieht so aus. Sie geht so. Sie schaut so. Auf dem kleinen Flugfeld der Zwölfhundert-Einwohner-Stadt in den Northwest Territories. In der Luft. Im Auto. An der Kasse im Supermarkt des Ortes. Überall.

Noch ehe jemand fragen konnte, ob Tania womöglich Model werden wollte, hatte sie sich längst für einen völlig anderen Beruf entschieden – und ging in eine Gegend, wo das Schicksal niemanden vorbeischicken wird, der sie doch noch für den Laufsteg entdecken könnte. Tania Lor ist Buschpilotin, sieht gar nicht so aus, wie man sich eine Buschpilotin vorstellt. Kein faltiges Flintenweib mit Haaren auf den Zähnen. Keine weibliche Variante von Crocodile Dundee. Eher ein zartes Persönchen. Schlank, elegant, mit enger schwarzer Hose, grauem T-Shirt, strahlenden Zähnen, Lippenstift, einem Hauch von Lidschatten. Tania bricht mit dem Klischee. Sie hat es immer so gemacht, und wahrscheinlich macht es ihr Spaß: erste Cockpiterfahrung mit sechzehn, Flugschein in Toronto, der erste Fliegertrip über die Sommermonate in die Wildnis, dann der Umzug mitten ins Pionierland. Tania will dort fliegen, wo am Himmel noch Platz ist. Wo Kleinflugzeuge Transportmittel sind, nicht teures Spielzeug einiger Reicher, die nur am Wochenende zum kurzen Spaßflug starten.

Sie fliegt bei Wind und Wetter, hebt meistens zweimal am Tag mit ihrer betagten Maschine in unterschiedliche Richtungen ab, braucht diesmal sechshundertfünfzig Meter Anlauf, um sich vom Erdboden zu lösen und ihre grenzenlose Freiheit zu erleben. Nie fliegt sie bloß zum Spaß, immer mit konkretem Auftrag: die Post nach Trout Lake bringen, Ersatzteile nach Wrigley liefern, den Tierarzt aus Jean Marie River abholen. Tania fliegt für Simpson Air und Simpson Air fliegt für alles und jeden rund um Fort Simpson, der dafür zahlt und nichts Gesetzeswidriges im Schilde führt.

Diesen Nachmittag schmiert sie das Propellergewinde ihrer einmotorigen Cessna, um wieder nach Trout Lake zu knattern. Zweieinhalb Stunden später wird sie zurück sein, und ihr Freund Robert wird am Landestreifen warten, um die zwei Passagiere des Nachmittagsflugs in Empfang zu nehmen, eine schwangere Dene-Indianerin mit ihrer Mutter. Und um Tania zu küssen. Die Frau wollte ihr Baby lieber im Krankenhaus bekommen als in der Wildnis, und weil es eilt, musste das Flugzeug her, denn Straßen haben in den Northwest Territories immer noch Seltenheitswert, und der Weg per Boot über die Flüsse dauert manchmal zu lange. Nur zu einigen entlegenen Siedlungen gibt es Forstwirtschaftsstraßen – Behelfspisten, die sich die Natur schnell zurückholt. Die allzu leicht durch umgefallene Bäume blockiert sind und um deren Instandhaltung sich niemand wirklich kümmert. »Das sind Pisten, für die du einen Traktor brauchst – und eine Motorsäge auf dem Bock haben musst«, sagt Tania. »Wenn du es eilig hast, bist du mit dem Flugzeug erheblich besser dran. Die Piste am Ortsrand halten sie auch im kleinsten Dorf frei. Sie ist immer die wichtigste Verbindung zur Außenwelt. Wenn dort ein Baum umkracht, liegt er nicht länger als einen halben Tag.«

Seit ein paar Wochen sind Tania und Krankenpfleger Robert aus der Klinik von Fort Simpson ein Paar: beide jung, beide schnell ineinander verliebt. Ihr erster öffentlicher Kuss war Ortsgespräch in Fort Simpson. So etwas hat Weitererzählwert in einer Gegend, wo die Ereignisse der großen Welt fern sind und wenig geschieht: der weibliche Buschpilot im Modellook und die männliche Krankenschwester – *female bush pilot* und *male nurse*. Darüber lachen die Leute in Fort Simpson. Und sie sind ein bisschen neidisch. Die Frauen, weil Robert sympathisch und sportlich ist und nicht säuft. Die Männer, weil Tania alle Chancen hatte, die Königin ihrer Träume zu werden, Robert viel schneller war als alle anderen und alle Träume ohne einen Funken Hoffnung auf Verwirklichung keinen Spaß machen.

Warum Tania die Fliegerei zum Beruf gemacht hat? Darüber mag sie nicht viele Worte verschwenden. Weil sie das Fliegen liebt. »Taxifahrer«, sagt sie, »werden die meisten aus Versehen. Buschpilot wirst du, weil du es willst. Weil du begeistert bist vom Fliegen. Und weil du den Flug spüren willst. Hier draußen ist die Arbeit am Himmel noch Handwerk. Das wollte ich.« Sie fährt sich mit der rechten Hand durch die Haare, und halb posiert sie, halb schaut sie zickig, als wäre sie doch Model geworden und als sollten ihre Augen »blöde Frage« sagen. Ob es schon kritische Situationen am Himmel gegeben habe und ob sie schon mal mit der Fliegerei aufhören wollte? Der Augenausdruck bleibt derselbe. »Ja, natürlich«, sagt sie. Und »nein, nicht deswegen. Noch nie.«

Ein Kollege ist abgestürzt. Einer, der bei Simpson Air gearbeitet hat, bevor er zu den Frachtfliegern von DHL gewechselt ist. Er saß im Cockpit der Boeing 757, die vor Jahren über dem Bodensee mit einer russischen Passagiermaschine zusammengestoßen ist. Das hat Tania betroffen gemacht. Jeden in Fort Simpson. Und alle haben viel darüber geredet. Doch wer vor dieser Nachricht flog, fliegt immer noch. Es ist Berufsrisiko der Piloten, Gelegenheitsrisiko der Passagiere. In der Wildnis ohne lückenlose Lotsenüberwachung, in alten Flugzeugen, in einmotorigen Maschinen, in einer nicht nur klimatisch extremen Region wahrscheinlich sogar ein bisschen mehr als anderswo. Die meisten überstehen ihr Berufsleben trotzdem ohne ernste Blessuren. Tania wischt alle Gedanken daran mit einer Handbewegung weg. Sie arbeitet in einer Männerdomäne. Sie hat sich am Himmel behauptet. Sie wird schon nicht abstürzen, und sie sollte vor allem keine Schwäche zeigen. Robert macht sich mehr Sorgen als sie. Seine Augen verraten es. Er hat in der Klink schon Absturzopfer zusammengeflickt. Er weiß, wie schwierig das ist und spricht sicherheitshalber nicht darüber.

Wenn Tania in die kleine Maschine klettert, die ein paar Jahre älter ist als sie selbst, dann sieht sogar das elegant aus. Wenn sie die Haare zum Pferdeschwanz bindet. Erst wenn sie den Kopfhörer anlegt, das Mikro vor den Mund klemmt, konzentriert schaut, ernst und älter, dann ist sie plötzlich nicht mehr das Mädchen, sondern die Buschpilotin. Wenn sie noch vorm Start den ersten Funkspruch absetzt, einen Blick auf den Wetterbericht wirft und ihre Brille aufsetzt, die im Cockpit bereitlag. Draußen hat sie sie nicht getragen. Sie mag sie nicht. Sie mag sich damit nicht, und Robert hat diesmal Fotos von den Startvorbereitungen gemacht. »Einen Traum fern vom Buschpilotenleben habe ich«, ruft Tania plötzlich durchs geöffnete Seitenfenster der

Cessna-Cockpittür, ehe sie Anlauf Richtung Trout Lake nimmt. »Ein Foto von mir in der italienischen Vogue! Das wäre das Größte!« Robert drückt auf den Auslöser. Für alle Fälle.

Inzwischen ist alles doch ein bisschen anders gekommen. Aus der Sache mit dem Foto in der Vogue ist nichts geworden – bisher jedenfalls. Und die Kleinflugzeuge sind für Tania ein Freizeitspaß, die Buschfliegerei ist heute ein Hobby, die Zeit in Fort Simpson das perfekte Training für den neuen Hauptberuf gewesen. Jetzt fliegt Tania Lor für Air Canada. Die großen Passagierjets.

Ausgesetzt im Abenteuerland

Hüttenferien in der Wildnis der Northwest Territories

Ein Greifvogel gleitet neben dem einmotorigen Wasserflugzeug her, als wolle er zeigen, wie viel eleganter Fliegen ist, wenn es ohne Motor gelingt. Unter seinen Schwingen ragen die grauen Zackenkämme der Nahanni Mountains auf wie nicht von dieser Welt. Am Horizont reflektieren Seen das Sonnenlicht. Fünf Minuten später rumpelt es, als wäre die Wasseroberfläche des Little Doctor Lake schlaglochübersät. Gischt spritzt auf. Drei irritierte Hasen hoppeln vom Ufer weg und verschwinden sicherheitshalber im Gebüsch: Sie bekommen Besuch von ein paar komischen Wesen mit Rucksack, Koffer, Vorratsbox und zusammengerollten Schlafsäcken. Zehn Minuten später ist das Wasserflugzeug wieder verschwunden. Das Brummen des Propellers hängt ein paar Momente länger in der Luft, während nur noch der Greifvogel zu sehen ist.

Für das Entertainment sorgt von nun an jeder selbst, für Überraschungen die Natur: ausgesetzt in der Einsamkeit. Die kanadischen Northwest Territories, etwa achtundzwanzigmal so groß wie die Schweiz und weniger als dreiundvierzigtausend Einwohner stark, sind bis heute Pionierland. Und mehr als irgendwo anders in Kanada ist Reisen hier immer noch Abenteuer.

Erst drei Tage später wird Pilot Ted Grant zurückkehren und die vier Teilzeitaussteiger dieser Tour wieder abholen. In der Zwischenzeit gibt es keine Verbindung zur Außenwelt, keinen Funk, keine Handy-Netzabdeckung und keinen Fernseher, erst recht kein Internet, nur zwei kleine Blockhäuser, ein paar selbst gezimmerte Möbel, vier Plastikstühle und einen Gartentisch.

Im Lebensmittelladen von Fort Simpson haben sie die Vorräte für ein paar Tage eingekauft, Steaks und Gemüse, Konserven und Brot, im Liquor Store ein paar Dosen Bier und zwei, drei Flaschen Wein erstanden, kurz darauf alles im Heck des Wasserflugzeugs verstaut.

Die beiden winzigen Blockhäuser hinter den Tannen ein paar Schritte vom Seeufer sehen aus wie Treibgut aus den Gründerjahren Nordamerikas, haben Nagelbretter vor Fenstern und Türen, um neugierige Bären vom Hausbesuch abzuhalten und riechen, als wäre schon länger nicht gelüftet worden. Abgeschlossen ist keine der beiden. In einer Gegend wie dieser braucht man keine Schlüssel.

Die kleinere Hütte bietet Platz für drei Betten und einen Tisch. An der Wand der größeren lehnt ein durchgeladenes Gewehr für den Fall, dass die Nagelbretter nichts bewirken. Zweimal schon hat Ted Grant damit Schwarzbären erschossen, die unentschieden waren, ob sie ihn oder seine Vorräte mitnehmen sollten. Im Regal liegen Teelichter, Streichhölzer, zwei Packungen Reis und ein Halbkilobeutel Salz. In den Fächern warten Töpfe, Pfannen und ein paar Teller auf ihren Einsatz. Eine

Propangasflasche ersetzt Elektrizität. Fließendes Wasser gibt es vor der Tür so reichlich und so sauber, dass drinnen gar nicht erst Leitungen verlegt wurden. Badewanne ist der See, Dusche ein in den Bäumen aufgehängter Kanister mit hineingebohrten Löchern unter der Plastikkappe, den jeder erst mit Wasser füllen muss.

Wer mag, kann zum Kochen den Gasflaschenherd benutzen. Wer es romantischer vorzieht, bastelt sich die Küche selbst: ein paar Steine im Sand zu einem Kreis drapieren, Treibholz sammeln, mit Zeitungsresten das Lagerfeuer entfachen, in Alufolie gehüllte Kartoffeln in der Glut garen und auf einem Rost die mitgebrachten Steaks oder selbst geangelten Fisch grillen. Welches Jahrhundert gerade läuft, welches Jahrzehnt gilt, deutet allenfalls der Jahrgang auf dem Etikett der Weinflasche an. Das Szenario existiert außerhalb der Zeit. So könnte es vor zweihundert Jahren im Wilden Westen zugegangen sein, vor hundert Jahren beim Goldrausch am Klondike. Schön, dass es in den Northwest Territories auch morgen und übermorgen noch so sein wird.

Einer stimmt improvisierte Lagerfeuerlieder an, ein anderer hat unterm Bett im Blockhaus eine ramponierte Gitarre gefunden: »Hätt ich dich heut erwartet, hätt ich Kuchen da« als kleine Hommage an lauernde Bären. Die sanften Wellen des Sees sorgen für die passende Untermalung.

So hoch im Norden geht die Sonne im Sommer spät unter, und die Dämmerung dauert lange. Gegen Mitternacht stehen trotzdem die Sterne am Himmel. Ein Käuzchen ruft, und im Gestrüpp knacken Äste. Irgendwer oder irgendetwas nähert sich, wartet ab, schleicht weiter voran – und kommt am Ende doch nicht zu Besuch. »In der Wildnis«, hatte Ted Grant gesagt, »wirst du von vielen Augenpaaren gesehen, ehe du auch nur eines davon erahnst. Du kannst noch so weit hinausfahren oder fliegen. Du bist nie allein.«

Am nächsten Morgen steckt die Patrone immer noch im Lauf des Gewehrs: kein Bär zu sehen, dafür ein Elch zwei kleine Buchten weiter am Seeufer. Er bewegt sich, als hielte er das Fernglas für eine Filmkamera, und als liefe gerade das Casting für einen neuen Disney-Zeichentrickfilm. Majestätisch posiert er, reckt den Hals, dreht das Schaufelgeweih als wäre er sich des Hollywood-Vertrags schon so gut wie sicher.

Der Weg den Strand des Little Doctor Lake entlang endet nach dreihundert Metern, weil der Strand endet: Felsen, Treibholz und Gestrüpp. Während die Abenteuerurlauber klettern, hat die Natur sie längst wahrgenommen. Die Eichhörnchen wissen, wo die Fremden gehen. Die Vögel piepsen die Nachricht weiter. Es spricht sich über die Wipfel der Tannen hinweg und durch den Wald herum, dass Menschen da sind. Nur ein Biber rackert so emsig, dass er die Fremden erst spät bemerkt und im letzten Moment beschließt, kurzzeitig zu verschwinden.

Fern am Horizont zieht ein brummender Vogel mit Propeller vorbei, taucht hinter den Bergen ab: Ted mit neuen Passagieren – diesmal auf dem

Weg zu den Virginia Falls. Auf dem Rückweg fliegt er eine Schleife über dem Little Doctor Lake und schaut aus der Luft nach dem Rechten, nach einer Handvoll Abenteuerlustiger, zwei Kanus, zwei Blockhäusern, vier Gartenstühlen und einer Feuerstelle. Winken und lächeln die Leute, fliegt er heim. Gestikulieren sie wild, funkt er Gott an. Sollte es in der Wildnis je Probleme geben – man wäre in guten Händen, denn Gott trägt einen Colt, hat vom vielen Training im Fitnesscenter breite Schultern bekommen, ist in eine etwas zu enge Uniform gezwängt und wacht von Fort Simpson aus über Recht und Ordnung in der Region. Jason Gott ist der zuständige Polizist, und wo er ist, ist für Kriminalität kein Platz. Auch nicht für Schwarzbären übrigens.

Nur gegen die zahllosen Mücken kann auch Gott nichts unternehmen. Es gibt kein Gesetz, das ihnen das Stechen verbietet. Das feinmaschige Gitter am Fenster des Klohäuschens fünfzig Meter hinter der Blockhütte scheint angebracht zu sein, um die Viecher in dem modrigen Holzverschlag gefangen zu halten. Drinnen sind mindestens gleich viele wie draußen, und so gewöhnt man sich recht bald daran, es beim nordischen Hüttenurlaub wie Kollege Schwarzbär zu halten. Der verzichtet ebenfalls aufs Herzhäuschen.

Trotzdem ist der Bär im Nachteil. Er hat diese Landschaft, das kristallklare Seewasser, frischen Fisch frei Haus. Er hat diese Stille und meistens seine Ruhe. Er kann diese reine Luft atmen, die anderswo in der Apotheke verkauft würde. Aber er hat kein Wasserflugzeug. Er kann sein Zuhause niemals aus der Luft sehen, nicht diese Fantasy-Landschaft von oben bewundern und am Himmel einen Eindruck von der immensen Weite des Nordens gewinnen. Diese Perspektive ist der einzige Grund, nach drei Tagen am Little Doctor Lake in Ted Grants alte Mühle einzusteigen. Warum sonst sollte man von dort freiwillig wieder verschwinden wollen?

»Wo bitte geht es hier zum Grizzly?«

Mit welchen Fragen sich Ranger im meistbesuchten kanadischen Nationalpark herumschlagen müssen

Kanadier gelten als geduldig. Das müssen sie auch sein, wenn sie sich für den Job des Rangers entschieden haben – und erst recht, wenn das Schicksal sie in dieser Funktion hinter den Infoschalter im Besucherzentrum des Banff National Park in den Rocky Mountains verschlagen hat. Die Mitarbeiter dort haben die kuriosesten Urlauberfragen der Saison gesammelt – gestellt meist von Reisenden aus den USA, beantwortet mit innerlichem Stoßseufzer. Und möglichst mit freundlichem Lächeln:

»Woher wissen die Hirsche eigentlich, dass sie den Highway nur an den Wildwechsel-Verkehrsschildern überqueren sollen?«

»Ab wie vielen Höhenmetern spricht man im Gebirge nicht mehr von ›Hirschen‹, sondern von ›Elchen‹«?

»Gibt es Orte im Nationalpark, wo die Bären zu festen Zeiten fürs Foto posieren? Und muss ich mich vorher anmelden, wenn ich dabei sein will?«

»Gibt es frei lebende Vögel in Kanada?«

»Wie weit ist es vom Banff National Park eigentlich bis nach Kanada, und gibt es dort Internet?«

»Sie sagen, der See ist zwei Kilometer entfernt. Meinen Sie zu Fuß oder mit dem Auto?«

»Ich habe heute Vormittag auf dem Weg nach Banff ein großes Tier am Straßenrand gesehen. Können Sie mir sagen, was für eines das gewesen ist?«

»Was ist die beste Möglichkeit, Kanada an einem Tag zu erleben?«

»Ich habe gehört, dass wilde Bären immer wieder auf die Campingplätze vordringen. Kann ich sorglos Schinken und Aufschnitt auf dem Picknicktisch liegenlassen oder soll ich es zur Sicherheit lieber mit hinein ins Zelt nehmen? …«

Flunkern bei den Antworten ist nicht erlaubt: Hirsche werden in ihren ersten Lebensmonaten von speziell ausgebildeten Rangern geschult, Wildwechselschilder unbedingt zu respektieren und ersatzweise die Straße allenfalls an Fußgängerampeln zu überqueren – dann aber aus Sicherheitsgründen im Schritttempo. Bären posieren gegen ein Trinkgeld von mindestens zwei Dollar außerhalb ihrer Tischzeiten. Gegen Aufpreis lassen sie sich zu einem herzlichen Tatzenabdruck auf der Rückseite des Urlaubers verleiten. Vögel sieht man nur während der Mittagspause der Bären, weil sich beide Gruppen tarifvertraglich auf diese Arbeitsteilung geeinigt haben. Der See ist vermutlich zwei Bootskilometer entfernt, geschwommen die doppelte Distanz. Das große Wesen am Straßenrand war mit großer Wahrscheinlichkeit ein orientierungsloser Urlauber aus Kentucky. Und die beste Chance, Kanada an nur einem Tag zu erleben, hat man, wenn man das Schinkenbrot im Zelt unterm Schlafsack versteckt und schon kurz darauf wenig freundschaftlichen Hausbesuch von einem hungrigen Schwarzbären bekommt. Garantiert.